"十三五"国家重点出版物出版规划项目
现代机械工程系列精品教材
普通高等教育汽车类系列教材

电动汽车概论

主　编　石　玲
副主编　范钱旺
参　编　吴国兴　朱成水　赵艳妮
　　　　樊江玲　吴明翔

机械工业出版社

本书是"十三五"国家重点出版物出版规划项目之一。

本书较为全面地介绍了纯电动汽车、混合动力电动汽车、燃料电池电动汽车、电动汽车充电技术、电动汽车新技术等内容。全书分为六章，主要内容有电动汽车的历史、现状及发展趋势，纯电动汽车、混合动力电动汽车及燃料电池电动汽车的结构和工作原理，电动汽车的充电装置、充电方式及充电设施，以及车联网、线控技术、智能电网、自动驾驶技术等。

本书语言简洁，图文并茂，具有普遍适应性。本书既可作为高等院校汽车类相关专业的教学用书，也可作为新能源汽车相关领域的工程技术人员的参考书。

本书配有 PPT 课件，选用本书作为教材的教师可以登录 www.cmpedu.com 注册下载，或向编辑（tian.lee 9913@163.com）索取。

图书在版编目（CIP）数据

电动汽车概论/石玲主编. —北京：机械工业出版社，2020.5（2024.6 重印）

"十三五"国家重点出版物出版规划项目　现代机械工程系列精品教材　普通高等教育汽车类系列教材

ISBN 978-7-111-65015-7

Ⅰ.①电… Ⅱ.①石… Ⅲ.①电传动汽车-概论-高等学校-教材 Ⅳ.①U469.72

中国版本图书馆 CIP 数据核字（2020）第 039867 号

机械工业出版社（北京市百万庄大街 22 号　邮政编码 100037）
策划编辑：宋学敏　责任编辑：宋学敏
责任校对：陈　越　封面设计：张　静
责任印制：郜　敏
北京富资园科技发展有限公司印刷
2024 年 6 月第 1 版第 2 次印刷
184mm×260mm・9.25 印张・205 千字
标准书号：ISBN 978-7-111-65015-7
定价：29.00 元

电话服务　　　　　　　　网络服务
客服电话：010-88361066　机 工 官 网：www.cmpbook.com
　　　　　010-88379833　机 工 官 博：weibo.com/cmp1952
　　　　　010-68326294　金 书 网：www.golden-book.com
封底无防伪标均为盗版　　机工教育服务网：www.cmpedu.com

前言

汽车给人们的生活带来了便利，但同时也给人们带来了"能源消耗"和"环境污染"两大问题。目前，世界上有大量的石油被汽车消耗掉，而城市污染有50%以上来源于汽车。当前随着石油资源的逐渐枯竭，能源危机的加剧，促进了对新能源汽车的研究工作。电动汽车与传统的污染严重、能源消耗大的燃油汽车有所不同，它能够为解决能源环保问题提供一条有效的途径，因此，电动汽车成为了汽车技术革命的重要内容，也是21世纪汽车工业发展的潮流。

本书围绕纯电动汽车、混合动力电动汽车、燃料电池电动汽车、电动汽车充电技术以及电动汽车新技术等方面展开了深入的分析。本书共六章。第1章介绍了电动汽车的历史、分类以及国内外现状和发展前景；第2章介绍了纯电动汽车的蓄电池、电驱动系统、能源管理系统、安全防护措施及其他系统等；第3章介绍了混合动力电动汽车的动力耦合装置以及串联式混合动力电动汽车、并联式混合动力电动汽车和混联式混合动力电动汽车的结构等；第4章介绍了燃料电池电动汽车的燃料电池和能量控制策略等；第5章介绍了电动汽车的充电装置、充电方式及充电设施等；第6章介绍了车联网、线控技术以及智能电网、自动驾驶技术等。

本书由多位高校教师和企业专家联合编写，高校编写人员有石玲、樊江玲、吴明翔、吴国兴和赵艳妮，企业编写人员有范钱旺和朱成水。在编写过程中，编者参考了许多书籍和有关资料，在此向本书所借鉴、参考的所有文献的作者们表示衷心的感谢。

由于编者学识有限，书中不当之处在所难免，恳请读者给予指正。

编　者

目录

前言
第1章　绪论 ………………………………… 1
　1.1　发展电动汽车的必要性 ………………… 1
　1.2　电动汽车历史 …………………………… 3
　1.3　电动汽车发展现状 ……………………… 5
　1.4　电动汽车发展前景 ……………………… 8
　思考题 ………………………………………… 10
第2章　纯电动汽车 ………………………… 11
　2.1　概述 ……………………………………… 11
　2.2　纯电动汽车蓄电池 ……………………… 20
　2.3　纯电动汽车电驱动系统 ………………… 34
　2.4　纯电动汽车能源管理系统 ……………… 42
　2.5　纯电动汽车安全防护 …………………… 44
　2.6　纯电动汽车其他系统 …………………… 48
　思考题 ………………………………………… 52
第3章　混合动力电动汽车 ………………… 53
　3.1　概述 ……………………………………… 53
　3.2　混合动力电动汽车用发动机 …………… 56
　3.3　混合动力电动汽车的动力耦合
　　　装置 ……………………………………… 58
　3.4　串联式混合动力电动汽车 ……………… 62
　3.5　并联式混合动力电动汽车 ……………… 69
　3.6　混联式混合动力电动汽车 ……………… 79
　思考题 ………………………………………… 90
第4章　燃料电池电动汽车 ………………… 91
　4.1　概述 ……………………………………… 91
　4.2　燃料电池 ………………………………… 94
　4.3　燃料电池电动汽车能量控制分析 ……… 100
　思考题 ………………………………………… 105
第5章　电动汽车充电技术 ………………… 106
　5.1　概述 ……………………………………… 106
　5.2　电动汽车的充电设施 …………………… 113
　思考题 ………………………………………… 122
第6章　电动汽车新技术 …………………… 123
　6.1　电动汽车与车联网 ……………………… 123
　6.2　电动汽车与智能电网 …………………… 128
　6.3　电动汽车与无线充电技术 ……………… 133
　6.4　电动汽车的轻量化 ……………………… 136
　6.5　电动汽车与线控技术 …………………… 139
　6.6　电动汽车与自动驾驶技术 ……………… 141
　思考题 ………………………………………… 143
参考文献 …………………………………… 144

第1章

绪 论

汽车工业的发展是现代工业技术的重大成就之一。它为现代社会的发展做出了重要贡献。然而,全世界大量汽车的应用,已经引发了严重的环境与人类生存问题。大气污染、全球变暖以及地球石油资源的迅速递减,已成为当前人们首要关注的问题。以电动汽车为主的新能源汽车成为交通领域实现节能减排的有效途径之一。

本章重点介绍发展电动汽车的必要性以及电动汽车的历史、现状和发展前景。

1.1 发展电动汽车的必要性

汽车给人们的生活带来了很多便利,但同时也带来了"能源消耗"和"环境污染"两大问题。目前,世界上有50%以上的石油被汽车消耗,已经探明的石油资源大约只够人们充分使用到2050年,而城市污染有50%以上来源于汽车。例如上海市机动车尾气排放占大气污染物的比率分别为86%(CO)、96%(HC)和56%(NO),北京、广州、天津、重庆等许多大中型城市的情况也类似。

随着社会经济的飞速发展,世界汽车工业也在迅速发展,汽车保有量不断增加,消耗了大量的石油资源,同时也造成了人类生存环境的污染。因此,改变能源结构,充分利用电能、天然气及水能等资源,开发研究适合我国道路和交通环境的清洁汽车是一项十分紧迫且有重大战略意义的课题。

2007年11月1日,国家发展和改革委员会制定的《新能源汽车生产准入管理规则》(以下简称《规则》)正式施行。《规则》明确给出了新能源汽车的定义和分类,根据《规则》,新能源汽车是指采用非常规的车用燃料作为动力来源,综合车辆的动力控制和驱动方面的先进技术,形成的技术原理先进、具有新技术、新结构的汽车。

电动汽车以动力电池为动力源,全部或部分由电动机驱动,集中了机、电、化等各个领域的高新技术,是汽车、电子、化学、计算机、新能源、新材料等工程技术的最新成果的集成产物,能够实现低排放和零排放。电动汽车作为新能源汽车的领军者,尤其受到人们的关注。电动汽车的推广和应用,已成为我国各地实施新能源战略的热点。同时,新能源汽车的性能不断提高,带动了整个汽车行业的快速发展,有专家预测,电动汽车在未来将占据较大的汽车市场。

按照目前技术状态和车辆驱动理论,电动汽车分为纯电动汽车、混合动力电动汽车和燃料电池电动汽车三大类。

纯电动汽车(Battery Electric Vehicle,BEV)是一种仅采用蓄电池作为储能动力源的汽车。蓄电池通过功率变换装置向电动机提供电能并驱动其运转，电动机经传动装置带动车轮旋转从而推动汽车运动。纯电动汽车主要由蓄电池、电池管理系统、驱动电机和驱动系统、车身、底盘以及安全保护系统等构成。蓄电池主要包括铅酸蓄电池、镍氢电池、镍镉电池、钠硫电池及锂离子蓄电池及锌空气电池等。荣威纯电动汽车如图1-1所示。

图1-1　荣威纯电动汽车

混合动力汽车（Hybrid Vehicle，HV）从广义上来说，是指车辆驱动系统由两个或多个能同时运转的单个驱动系统联合组成的车辆，车辆的行驶功率依据实际的车辆行驶状态由单个驱动系统单独或共同提供。通常所说的混合动力电动汽车（Hybrid Electric Vehicle，HEV），一般是指油电混合动力汽车，即采用传统的内燃机（柴油机或汽油机）和电动机作为动力源，也有的发动机经过改造使用其他替代燃料，如压缩天然气、丙烷和乙醇燃料等。随着世界各国环境保护措施越来越严格，混合动力车辆由于其节能、低排放等特点成为汽车研究与开发的一个重点，并已经开始商业化。混合动力汽车使用的电动力系统中包括高效强化的电动机、发电机和蓄电池。蓄电池有铅酸蓄电池、镍锰氢电池和锂电池，将来还可能使用氢燃料电池。图1-2所示为北京汽车BC301混合动力电动汽车。

燃料电池电动汽车（Fuel Cell Electric Vehicle，FCEV）是利用氢气和空气中的氧在催化剂的作用下在燃料电池中经电化学反应产生的电能作为主要动力源驱动的汽车。燃料电池通过电化学反应将化学能转化为电能，电化学反应所需的还原剂一般采用氢气，氧化剂则采用氧气，因此最早开发的燃料电池电动汽车多是直接采用氢燃料，氢气的储存可采用液化氢、压缩氢气或金属氢化物储氢等形式。燃料电池电动汽车的能量转换效率高，是因为燃料电池的能量转换效率可达60%~80%，为内燃机的2~3倍；燃料电池的燃料是氢和氧，生成物是清洁的水，因而燃料电池电动汽车可实现零排放，不污染环境；燃料电池电动汽车的氢燃料来源广泛，可以从可再生能源获得，不依赖石油燃料。因此，从环保的角度来看，燃料电池电动汽车是一种较为理想的车辆。丰田汽车公司研

图 1-2 北京汽车 BC301 混合动力电动汽车

发的某款氢燃料电池电动汽车如图 1-3 所示。

图 1-3 丰田氢燃料电池电动汽车

1.2 电动汽车历史

电动汽车的诞生早于燃油汽车。早在 1881 年，第一辆电动汽车由法国人古斯塔夫制造问世，它是采用铅酸蓄电池供电由 0.1 马力（1 马力 = 735.499W）直流电动机驱动的三轮电动汽车，整车及其驾驶员的质量约为 160kg（图 1-4）。1883 年两位英国教授制成了相似的电动汽车。因应用技术尚未成熟到足以与马车竞争，故这些早期构造并没有引起公众的注意。1899 年，卡米尔·杰那茨（Camille Jenatzy）在巴黎附近驾驶着自己设计的电动汽车，创下了当时的速度纪录（图 1-5）。该速度远胜于马车具有的速度。一般公众才开始对汽车感兴趣。

随后的 20 年，是一个电动汽车与燃油车竞争的年代。在美国有些城市外围并没有许多铺砌过的道路，这对有限行程的电动汽车不算问题。然而，在欧洲，迅速增加的铺砌过的道路数却要求延展车辆的行程，这就促进了燃油车的发展。

第一辆商品化的电动汽车是在纽约由其发明者所创建的公司以出租车方式运营。电

电动汽车概论

图 1-4　第一辆电动汽车

图 1-5　Camille Jenatzy 驾驶电动汽车

动车被证明是比出租车马车更有应用价值的运载工具。对该年代最具影响的技术进展是再生制动的发明，这一发明于 1897 年由法国人 M. A. Darrcq 在其小轿车上实现。再生制动技术在制动时回收车辆的动能并向蓄电池组充电，从而可以大大增加行驶里程，这是对电动汽车和混合动力电动汽车应用技术最有价值的贡献之一。正如在市区行车时，再生制动技术对能量效率的贡献使电动汽车优于其他任何车辆。

　　然而，随着燃油汽车的功率变得更大、配置更灵活，尤其是更易于操纵，电动汽车开始消失。电动汽车的高成本无助于其与燃油汽车的竞争，并且其有限的续驶里程和性能也削弱了它对燃油汽车的竞争力。最后交付使用的、商业上有影响力的电动汽车约在 1905 年。在之后的近 60 年里，所销售的电动汽车仅是一般的高尔夫球车和运送货车。直到 20 世纪六七十年代，关于环境的忧虑触发了电动汽车某些方面的研究，电动汽车才得以重获生机。

　　2006 年以后，随着全球节能和环保的要求，全世界各大汽车公司对电动汽车的技术开展了积极的研究。电动汽车的开发在中国、日本、美国、德国等国家得到了进一步的重视。同时，现代高新技术的发展、新材料的诞生以及电子、电机、计算机、通信技术的广泛推广和应用，都极大地促进了电动汽车的发展。

1.3 电动汽车发展现状

1.3.1 电动汽车国外发展状况

美国在新能源汽车的技术和研发上一直处于世界的前端。美国政府同时也出台了许多政策鼓励和扶持绿色新能源汽车产业的发展。1970年的《清洁空气法案》规定炼油厂生产研发更清洁的汽油可获得银行贷款。1988年提出的《替代机动车燃料法案》规定替代燃料车型可以享受优惠政策。1990年,《清洁空气修正法案》引入重整汽油,实施清洁车队计划。1992年,《能源政策法案》实施替代燃料示范项目,这个法案把含有85%以上比例乙醇的调和燃料确定为交通运输替代燃料,同时要求政府公务用车要购买一定比例的代用燃料车辆。1993年,当时的美国总统克林顿批准了《总体技术措施计划》。1994年,"PNC计划"降低中级轿车三分之二的油耗。2002年,"Freedom Car计划"关注氢燃料电池车,追求汽车零污染。

美国的通用和福特都曾在燃料电池汽车研发方面投入巨资,但随着燃料电池电动汽车产业化的推迟和混合动力汽车市场份额的不断扩大,关注重心已经向插电式混合动力电动汽车方面倾斜。在2014年,美国已有22种插电式电动汽车热销车型,包含13种纯电动汽车和9种混合动力电动汽车,由宝马、戴姆勒、菲亚特、福特、通用、本田、起亚、三菱、保时捷、特斯拉、丰田和大众等多个生产商生产销售。截至2018年底美国电动汽车的保有量为110万辆,2018年美国电动汽车销量达到36万辆。

日本由于国内资源匮乏,如何趋利避害,在确保资源安全、环境保护的同时实现经济可持续发展,成为一个重要的问题。近年来,日本加快了产业结构调整,积极发展具有战略意义的新兴产业,如新能源汽车产业日趋规模化、效益化,有望成为未来拉动日本经济增长的新支柱之一。日本是世界上电动产业最为发达的国家,日本的一些汽车企业,如日产、三菱、本田、丰田都已经正式量产并销售电动汽车了。

随着日本能源问题日益严峻和持续增加的减排压力,日本的汽车制造企业也正面临着一场技术的革命,即如何以节能环保的绿色能源汽车代替传统的燃油汽车。有关人士认为日本未来的新能源汽车发展趋势有三种:用于短距离的家庭用车;一般的混合动力家用汽车;可用于长途运输的燃料电池汽车。

日本长期以来一直致力于混合动力汽车的研发,其技术水平领先于世界。丰田汽车公司一直是日本生产和研发混合动力汽车的先驱。1997年丰田的第一辆混合动力汽车普锐斯上市,之后的几年里,丰田继续加大研发力度,终于在2009年5月推出了第三代普锐斯,其价格与先前相比大幅下降,每升汽油的行驶里程可以达到38km,这在当时已是领先于全球的水平。丰田油电混合技术随后引入全球各大汽车市场,至今全球销量超过1300万辆。在全球范围内,丰田油电混合动力技术已经成功搭载在丰田小型车、紧凑型车、中型车和中大型车上。目前有1.5L混动、1.8L混动、2.5L混动三种主流产品。总之,在一系列政府利好政策支持及配套技术的完备下,日本在电动汽车市场方面取得了令世人瞩目的成就。

　　欧洲的新能源汽车相对发展较晚，但是由于环境和能源问题在全球的影响，使得欧洲也开始大力发展新能源汽车。目前欧洲的混合动力等新能源汽车逐步得到了市场的认可，并随之确立了新的发展方向。欧洲方面也制定了相关政策来支持和鼓励新能源汽车的发展。

　　2007年10月，欧盟委员会对发展氢燃料汽车立法建议，主要内容包括：从2008年到2013年，欧盟委员会和汽车企业各出资4.7亿欧元研发氢燃料汽车。由于氢气属于高度易燃气体，为利于生产和销售，欧盟委员会还将制定氢燃料储存设备、氢燃料汽车车型的安全标准，并在2010年到2020年使燃料汽车达到商业的快速发展阶段。2008年5月，欧盟委员会发表新燃料电池计划，斥资5亿欧元开发新的燃料电池，1500名工程师、50多家欧盟企业积极参与。2008年11月，欧盟、欧洲工业委员会和欧洲研究社团发表了氢能与燃料电池发展计划。在燃料电池和氢能研究、技术开发及验证方面投资近10亿欧元，力争在2020年前实现商业化运作，此项目涉及私营公司、大学和研究所的合作。2008年，欧盟委员会发出欧盟绿色汽车倡议，并斥资50亿欧元用于支持新能源汽车技术和设备研发，减免购买新能源汽车的消费税，减少柴油汽车的使用。欧洲投资银行已连续5年对新能源汽车产业给予优惠贷款。2009年欧盟议会修改清洁能源车辆使用条例，包括用户在采购公交车辆时，要将车辆在整个生命周期中的能源消耗及环境污染成本考虑在内。2009年欧盟主要汽车厂商就电动汽车统一接口问题达成共识，新标准对所有的汽车制造商开放，确保未来电动汽车在世界范围内可以使用统一的方法充电而无须添加各自的适配系统。当年欧盟委员会又发布了欧盟洁净能源汽车计划，强制成员国公共系统使用一定比例的环保型车辆，规定公共部门每年新购置或租用的重量超过3.5t的车辆中，有1/4必须是环保车。

　　随着时代发展和政府的大力扶持，近年来新能源汽车在欧洲已取得了不错的发展，法国推出了博洛雷的Bluecar、雪铁龙的C-zero和标致的Peugeotion。2012年欧宝的Ampera、雪铁龙的C-Zero、日产的LEAF以及标致的iOn成为德国市场上的主要车型。

1.3.2　电动汽车国内发展状况

　　随着中国经济的快速发展，一些问题相继出现，如环境污染、能源危机。中国作为一个汽车大国，所面临的环境问题日益紧迫，因此发展电动汽车已是势在必行。

　　中国电动汽车的研发始于1996年，经过两个五年计划的科技攻关以及奥运会、世博会和"十城千辆"示范平台的应用拉动，中国电动汽车从无到有，技术处于持续进步状态，逐步建立并完善具有自主知识产权的电动汽车全产业链技术体系。到2010年，全国共有25个城市加入"十城千辆"节能与新能源汽车示范推广工程，多家企业的多个车型进入《节能与新能源汽车示范推广应用工程推荐车型目录》，各地示范运行各类电动汽车超过1万辆，示范运行里程超过2亿km，累计载客90亿人次以上。电动汽车关键技术总体水平和应用规模位于世界前列，部分领域实现突破性进展。同时，中国的电动汽车在产品研发及示范推广方面已经取得了举世瞩目的成绩。

比亚迪的电动汽车"秦"在 2013 年 12 月 17 日正式进入新能源汽车市场（图 1-6）。其销量稳步提升，逐步增大市场占有率。"秦"是一款混合动力电动汽车，在混合动力模式下所达到的最高速度和最大转矩也是这款汽车的一大亮点，其缺点之一就是纯电动模式下续驶里程不是很理想。

图 1-6　比亚迪"秦"

江淮作为国内纯电动车型领域的代表之一，其推出的 iEV5 属于该企业的第五代纯电动轿车，于 2015 年 4 月在上海车展正式上市（图 1-7）。

图 1-7　江淮 iEV5

上汽荣威也不甘落后，推出了纯电动汽车 E50、插电混合动力型汽车荣威 550PLUG-IN、燃料电池汽车荣威 950。这三款车型的发布，使上汽荣威成为国内首个掌握三大新能源技术的自主品牌汽车企业。其中，插电混合动力型汽车荣威 550PLUG-IN 的峰值转矩已达 587N·m，续驶里程更是达到了 500km。

经过"十年磨一剑"的历程，中国的电动汽车已经从研究开发阶段进入产业化阶段，电动汽车产业正呈现出蓬勃的生机。

当前，以混合动力、纯电动汽车和燃料电池汽车为代表的电动汽车被普遍认为是未来汽车能源动力系统转型发展的主要方向，已经成为世界汽车强国和主要汽车制造商发展的重点。中国虽为世界汽车产业大国，但"大而不强"，中国未来的汽车工业必须探求新的思路。电动汽车产业有望为中国汽车工业开拓新的增长点。

1.3.3　电动汽车全球现状

2019 年，国际能源署发布了《全球电动汽车展望2019》，报告指出，在各项扶持政策的支持以及持续下降的电池成本推动下，全球电动汽车销量快速增长。2018 年，全球电动汽车销售数量超过 200 万辆，较 2017 年翻了一番，使得全球电动汽车累计保有量突破了 500 万辆大关，达到了创纪录的 510 万辆，同比飙涨了 63%。在保有量方面，截至 2018 年底，全球电动汽车保有量达到了 510 万辆的历史新高，其中中国市场保有量高达 230 万辆，占到全球总量的近一半，是全球最大的电动汽车市场。欧洲和美国分别以 120 万辆和 110 万辆位列二、三位。报告强调，强有力的政策支持和持续进步的技术将会促使电池性能进一步提高、成本进一步下降，从而继续推动全球电动汽车市场持续增长，促进交通运输电气化不断发展。

电动汽车发展不仅限于常规的乘用车，电动公交车，电动两轮车（自行车和摩托车）、电动三轮车、电动货车等也都在快速发展。截至 2018 年底，全球电动两轮/三轮车保有量超过 3 亿辆，绝大部分都在中国市场。中国电动两轮车市场每年销售量可达数千万辆。同期，电动公交车销售数量也在持续增长，目前全球电动公交车的保有量达到 46 万辆，比 2017 年增加近 10 万辆。小型电动货车保有量达到了 25 万辆，较 2017 年增加了 8 万辆；而中型电动货车 2018 年销售量在 1 万~2 万辆之间，主要销售市场在中国。

与电动汽车蓬勃发展的市场类似，全球充电基础设施的部署规模也在快速扩张，为电动汽车的长途行驶提供保障。2018 年，全球电动汽车充电基础设施数量约 520 万个，其中约有 54 万个是公共充电设施。公共充电设施近三分之一是快速充电设施，三分之二是慢速充电设施。与电动汽车类似，中国也是全球公共充电设施数量最多的国家，其中快速充电设施占全球公共快速充电设施总量的 40% 左右，慢速充电设施占比则高达 78%。

1.4　电动汽车发展前景

能源与环境已成为当前全球最为关注的问题，能源是经济的基础，而环境是制约经济发展的重要因素。如何解决经济发展与能源供给、环境污染之间的矛盾是关系一个国家能否和谐、持续发展的关键。中国作为能源消费大国，近年来能源需求快速增长，对国家能源供给构成了严重威胁，形势十分严峻。同时这种状况也对环境构成了严重影响，制约了经济发展。节能降耗，减少对石油资源的依赖，已成为我国经济持续发展迫切需要解决的问题。电动汽车的推广使用将大大缓解能源危机和环境污染。

电动汽车作为绿色交通工具，能够给人类社会带来巨大的变化。顺应当前国际科技发展的大趋势，将电动汽车作为我国发展汽车工业的新切入点，不仅是实现中国汽车工业技术跨越式发展的战略抉择，同时也是实现中国汽车工业可持续发展的重要选择。

从技术层面看，混合动力电动汽车技术逐步成熟，已进入产品市场竞争期，率先实现产业化，正成为汽车市场销售新的增长点，其中，日本市场混合动力电动汽车已达到汽车销量的10%左右。纯电动汽车电池技术进步加速，整车产品更接近消费者需求，以电池租赁为代表的纯电动汽车商业模式创新取得进展。世界主要汽车制造商加快了生产纯电动汽车的步伐，率先上市的日产 LEAF 车型销售势头良好，各大汽车公司多种小型纯电动轿车密集上市。车用燃料电池技术取得重大进展，通用汽车公司轿车燃料电池技术有新的突破。燃料电池电动轿车在动力性、安全性、续驶里程、低温起动等性能指标方面已接近汽油车水平，燃料电池电动汽车整车成本显著下降。

经多年探索实践，国际汽车产业界达成了电动汽车产业化战略共识：2020年以后，各种纯电驱动技术将逐步占据主导地位，通过进一步发展纯电动汽车和燃料电池电动汽车，实现大幅度降低石油消耗和 CO_2 排放。经过北京奥运会、上海世博会、"十城千辆"等示范工程的实施，我国电动汽车从无到有，在关键零部件、整车集成技术以及技术标准、测试技术、示范运行等方面都取得了重大进展，现在电动汽车技术体系趋于完善。但由于传统汽车及相关产业基础相对薄弱，差距仍在，中高端技术竞争压力越来越大。因此，发展电动汽车已成为我国重大的科技战略需求与战略重点，确保我国汽车行业可持续发展。

电动汽车目前主要的发展趋势可概括为驱动电气化、技术系统化、智能网联化、国际化等。

传统车辆的动力来源主要为发动机，通过控制燃料的喷射量以及燃烧过程来达到控制发动机的动力输出。随着电动汽车的发展，汽车动力系统的电气化趋势越来越明显。驱动电气化可以从两个方面理解，一是驱动能源体的电气化，如采用高能量密度的电池、高功率密度的超级电容器，或是高续驶里程的燃料电池作为动力的能源供应；二是驱动执行部件的电气化，如当前电动汽车中广泛采用的驱动电机。

电动汽车动力系统的集成设计，不是简单地将各个部件进行一个叠加组合，而是需要新的系统耦合创新设计理念以及包括诸多复杂问题在内的集成问题分析、控制系统设计。例如丰田 THS-Ⅱ 系统实现了电动机与变速器的耦合，满足混合动力电动汽车对于燃油能源分配的双重优化。本田的 MA 系统实现了发动机与电动机的耦合，具有结构设计简单、质量小、布局紧凑等特点。此外，在电动汽车新型底盘设计过程中更应注重模块化，即较为容易地进行安装、调试以及后续的监测、维护等，具有良好的可拓展性，这样能够较好地应用于多个车型。

大力发展智能网联汽车，促进跨行业合作。发展智能网联汽车，要以电动汽车作为主要载体，加强智能网联汽车技术攻关，完善跨产业协同创新机制，建立健全法律法规体系，推进智能网联汽车应用示范，建立智能网联汽车与其他泛载网络的信息交流和协同机制，探索多领域联动的创新发展模式。

组建汽车产业对外合作联盟，提升汽车企业海外服务力，引导和鼓励企业抓住"一带一路"建设和国际产能合作的机遇，明确目标，加强品牌培育，推动电动汽车与国际工程项目协同"出海"，选择重点发展地区，建设产业园区，加快"走出去"的步伐。

发展电动汽车，是促进汽车产业转型升级、抢占国际竞争制高点的紧迫任务，也是

电动汽车概论

推动绿色发展、培育发展新动能的重要举措。推动电动汽车产业的健康发展，需要全行业共同努力。通过控总量、优环境、提品质、创品牌、促转型、增效益，推动电动汽车产业发展，实现我国由汽车大国向汽车强国的转变。

思 考 题

1. 简述发展电动汽车的必要性。
2. 简述我国电动汽车的发展现状。
3. 简述电动汽车的发展趋势。

第2章 纯电动汽车

纯电动汽车是电动汽车的主要种类之一。纯电动汽车（Battery Electric Vehicle，BEV）是一种仅采用蓄电池作为储能动力源的汽车。蓄电池通过功率变换装置向电动机提供电能并驱动其运转，电动机经传动装置带动车轮旋转从而推动汽车运动。本章重点介绍纯电动汽车的特点、结构、工作原理及分类等。

2.1 概述

从外形看，纯电动汽车与传统汽车并没有什么不同，其区别主要在于动力源及其驱动系统，即纯电动汽车的电动机相当于传统汽车的发动机，蓄电池相当于原来的油箱。

2.1.1 纯电动汽车的特点

1. 无污染、噪声小

纯电动汽车无内燃机汽车工作时产生的废气，不产生排气污染，对环境保护和空气的洁净十分有益，几乎是"零污染"。众所周知，内燃机汽车排气中的CO、HC及NO_x、微粒等污染物形成酸雨酸雾及光化学烟雾。纯电动汽车无内燃机产生的噪声，电动机的噪声也比内燃机小。噪声对人的听觉、神经、心血管、消化、内分泌及免疫系统也是有危害的。

2. 单一电能源

相对于混合动力电动汽车和燃料电池电动汽车，纯电动汽车因为只采用电动机，所以噪声低、无污染，并且电动机及传动系统等少占的空间和重量可用来补偿蓄电池的需求。另外，由于使用单一的电能源，电控系统较混合动力电动汽车的大为简化，从而可以降低成本，同时可补偿蓄电池的部分价格。

3. 结构简单、维修方便

纯电动汽车较内燃机汽车结构简单，运转、传动部件少，维修保养工作量小。当采用交流感应电动机时，电动机无须保养维护，而且纯电动汽车易操纵。

4. 能量转换效率高

纯电动汽车可回收制动、下坡时的能量，有利于提高能量的利用效率。

纯电动汽车的研究表明，其能源效率已超过汽油机汽车。特别是在城区运行时，汽车走走停停，行驶速度不高，纯电动汽车更加适宜。纯电动汽车停止时不消耗电能，在制动过程中，电机工作状态可由电动机自动转变为发电机，实现制动减速时能量的回收再利用。有研究表明，同样的原油经过粗炼，送至电厂发电，再充入蓄电池，用以驱动汽车，其能量利用效率比经过精炼变为汽油，再经汽油机驱动汽车要高，因此有利于节约能源和减少 CO_2 的排量。

5. 平抑电网的峰谷差

纯电动汽车的应用可有效减少对石油资源的依赖，可将有限的石油用于更重要的方面。向蓄电池充电的电能可以由煤炭、天然气、水力、核能、太阳能、风力及潮汐等能源转化。除此之外，可在夜间利用电网的廉价"谷电"进行充电，起到平抑电网的峰谷差的作用。如果夜间向蓄电池充电，还可以避开用电高峰，有利于电网均衡负荷，减少费用。

但是纯电动汽车也存在以下缺点：蓄电池技术仍有瓶颈，续驶里程较短，蓄电池存在寿命问题，充电地点稀少且充电时间较长。

2.1.2 纯电动汽车基本构成

传统汽车与纯电动汽车的主要区别在于驱动系统的不同，传统汽车用汽油或柴油作为燃料，由内燃机驱动；而纯电动汽车利用电动机驱动，用动力蓄电池作为动力能源。与传统汽车相比，纯电动汽车的结构特点灵活，各部件的布置具有很大的灵活性。采用不同类型的驱动电机会影响纯电动汽车的质量、尺寸及形状。

纯电动汽车的基本结构主要包括电源系统、电驱动系统、辅助系统、汽车底盘及车身等部分。图 2-1 所示为某款纯电动汽车的基本组成。除了电驱动系统，其他部分的功能及结构组成基本与传统汽车类似，不过有些部件根据所选的驱动方式不同，结构布置存在差异。

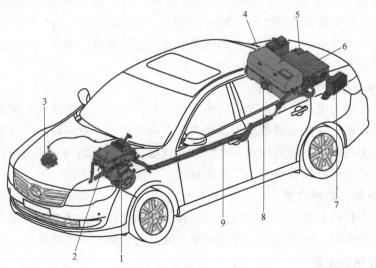

图 2-1 纯电动汽车的基本组成

1—驱动电机　2—整车控制器　3—电动空调压缩机　4—动力蓄电池 A　5—动力蓄电池 B
6—动力蓄电池 B 维修开关　7—车载充电机　8—动力蓄电池 A 维修开关　9—动力蓄电池线束

1. 电源系统

电源系统由蓄电池、能源管理系统和充电控制器等组成。图 2-2 所示为北汽新能源 EV200 的电源系统。

图 2-2 北汽新能源 EV200 的电源系统

蓄电池是纯电动汽车的唯一能源,它除了供给汽车驱动行驶所需的电能外,还是供应汽车上各种辅助装置的工作电源。蓄电池在安装到车上之前需要通过串并联的方式组合,以提供满足要求的电压等级,一般可以用多个 12V 或 24V 的蓄电池串联成 96~384V 高压直流蓄电池组,再通过 DC-DC 变换器供给所需的不同电压。

能源管理系统的主要功能是在汽车行驶中进行能源分配,协调各功能部分工作的能量管理,使有限的能量源最大限度地得到利用。能源管理系统与电驱动主模块的中央控制单元配合一起控制发电回馈,以便在电动汽车降速制动和下坡滑行时进行能量回收,从而有效利用能源,提高电动汽车的续驶里程。能源管理系统还需与充电控制器一同控制充电。

充电控制器的作用是把交流电转换为相应电压的直流电,并按要求控制其充电电流。充电器开始时为恒流充电阶段。当电池电压上升到一定值时,充电器进入恒压充电阶段,输出电压维持在相应值,电流逐渐减小。当充电电流减小到一定值时,充电器进入涓流充电阶段。此外,还有采用脉冲式电流进行快速充电。

2. 电驱动系统

电驱动系统主要由中央控制单元、电机控制器、电机和机械传动装置等组成。纯电动汽车电驱动系统在车上的布置位置如图 2-3 所示。

中央控制单元是电驱动系统的控制中心,对整辆电动汽车的控制起协调作用。它根据加速踏板与制动踏板的输入信号,向电机控制器发出相应的控制指令,对电机进行起动、加速、减速及制动控制。在电动汽车减速和下坡滑行时,中央控制单元配合电源系统中的能源管理系统进行发电回馈,即使蓄电池反向充电。

电机控制器的功能是按中央控制单元的指令和电机的速度、电流反馈信号,对电机的速度、驱动转矩和旋转方向进行控制。电机控制器与电机必须配套使用。图 2-4 所示

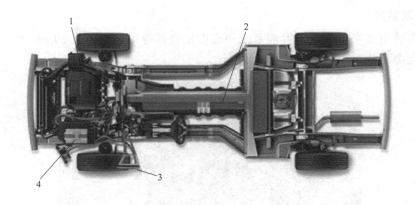

图 2-3 纯电动汽车电驱动系统布置图
1—电机驱动单元 2—蓄电池 3—充电接口 4—中央控制单元

为比亚迪 e6 的电机控制器。

电机承担着驱动和发电的双重功效,即在正常行驶时发挥其主要的电动机功能,将电能转换为机械能驱动汽车;而在减速和下坡滑行时又被要求进行发电,将车轮的惯性动能转换为电能。图 2-5 所示为永磁同步电机实物。该电机由于体积小,布置更为灵活,自重更轻,广泛用于宝马 i3、奇瑞 eQ、荣威 E50 及比亚迪 e6 等车型上。

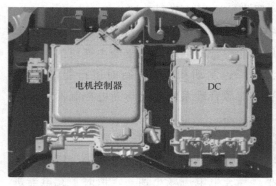

图 2-4 比亚迪 e6 的电机控制器

图 2-5 永磁同步电机实物

机械传动装置的作用是将电机的驱动转矩传输给汽车的驱动轴,从而带动汽车车轮行驶。由于电机本身具有较好的调速特性,其变速机构可大大简化,较多的是为放大电机的输出转矩仅采用一种固定的减速装置。又因为电机可带负载直接起动,即可省去传统内燃机汽车所装的离合器。并且由于电机可以容易地实现正反向旋转,也无须通过变速器中的倒档齿轮组实现倒车。

3. 辅助系统

辅助系统包括辅助动力源、助力转向单元、驾驶室显示操纵台和各种辅助装置等。各个装置的功能与传统汽车上的基本相似,其结构原理按电动汽车的特点有所区别。

辅助动力源是供给电动汽车其他各种辅助装置能量的动力电源,一般为 12V 或 24V

的直流低压电源。它主要为助力转向、制动力调节控制、照明、空调及电动车窗等各种辅助装置提供所需的电能。

助力转向单元由转向操纵机构、转向器及转向传动机构等组成。其作用是通过向转向盘施加控制力，经由转向器和转向传动机构使转向轮偏转一定的角度，实现汽车转向。为提高驾驶人的操控性，现代汽车都采用了助力转向，较理想的是采用电子控制助力转向系统。电子控制助力转向系统主要有电控液力转向系统和电控电动转向系统两类，对于纯电动汽车较适于选用后者。

驾驶室显示操纵台与传统汽车驾驶室的仪表板相似，但其功能根据电动汽车驱动的控制特点有所增减，其信息指示更多地选用数字或液晶屏幕显示。图2-6所示为大众纯电动汽车驾驶室实物图。

图2-6　大众纯电动汽车驾驶室实物图

辅助装置主要有照明、各种声光信号装置、车载音响设备、空调、刮水器、风窗除霜清洗器、电动车窗、电控玻璃升降器、电控后视镜调节器、电动座椅调节器及车身安全防护装置控制器等。它们主要是为提高汽车的操控性、舒适性及安全性而设置的。

4. 汽车底盘

汽车底盘是整个汽车的基体，不仅用于支承蓄电池、电机、电机控制器、汽车车身、空调及各种辅助装置，同时也负责传递和分配电机的动力，并按驾驶人的意志（加速、减速、转向、制动等）行驶。

汽车底盘包括传动系统、行驶系统、转向系统和制动系统四大系统。图2-7所示为宝马i3纯电动汽车底盘结构图。

5. 车身

汽车车身主要由车身本体、开启件（各种门、窗、行李舱和车顶盖等）、各种座椅、内外饰附件和安全保护装置（保险杠、安全带、安全气囊等）组成。针对纯电动汽车能源少的特点，对汽车车身的外形造型应尽可能缩小其迎风面积以降低空气阻力，并采用轻型高强度材料来减轻汽车自身的重量。

2013年推出的宝马i3纯电动汽车采用碳纤维作为车身架构的主要材料。宝马用大量的碳纤维打造了i3的车身框架，主要是为了保护乘员和加强底盘的部分，重量之轻

电动汽车概论

图 2-7　宝马 i3 纯电动汽车底盘结构图

两个人就可以抬起来。图 2-8 所示为宝马 i3 纯电动汽车的车身架构。

图 2-8　宝马 i3 纯电动汽车的车身架构

纯电动汽车的工作原理如图 2-9 所示。当汽车行驶时，由蓄电池输出电能，通过电机控制器驱动电机运转，电机（此时按电动机状态工作）输出转矩给传动系统驱动车轮转动。

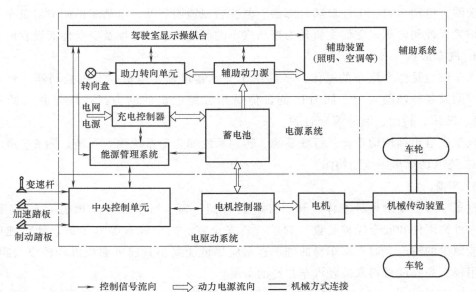

图 2-9　纯电动汽车的工作原理

当汽车行驶时，电驱动系统将储存在蓄电池中的电能高效地转换为车轮的动能，中央控制单元根据加速踏板和制动踏板的输入信号，向电机控制器发出相应的驱动指令，控制电机起动、加速、减速、制动，并能够将汽车车轮的动能转换为电能充入蓄电池。电机正常行驶时按电动机状态工作，将电能转换为机械能；在减速和下坡时切换成发电机状态，将车轮的惯性动能转换为电能。机械传动装置将电机的驱动转矩传输给汽车的驱动轴，带动汽车前进或后退。

纯电动汽车动能的传递主要通过柔性电缆，减少了刚性机械件的连接，因此纯电动汽车的结构布局具有一定的灵活性。

纯电动汽车各结构的总体布局应符合车辆动力学对汽车重心位置的要求，尽可能降低车辆的重心高度。由于安装了一定数量的蓄电池，对于安装蓄电池的车架强度必须考虑。同时，为了方便蓄电池的充电、维护和更换，对蓄电池的安装方法和位置要考虑其方便性，为确保安全还需要采取密封等预防措施，以防车辆发生碰撞时电解液泄漏等。

2.1.3 纯电动汽车的分类

1. 按电驱动系统结构布局分类

电驱动系统是纯电动汽车获得驱动力的核心系统，其性能的好坏直接决定了纯电动汽车的主要性能，如电动汽车的动力性等。不同的电驱动系统可以构成不同结构的动力传动系统。目前常见的电驱动系统布置形式主要有以下 4 种：电机中央驱动、电机-驱动桥组合驱动、双电机驱动及轮毂电机驱动，如图 2-10 所示。

（1）**电机中央驱动**　电机中央驱动的布置形式如图 2-10a 所示。此种结构与发动机前置前驱的传统内燃机汽车动力传动系统结构相似，是在其基础上发展而来的。其电驱动系统的传动装置由差速器、变速器、离合器和电机组成。这里的离合器与内燃机汽车上用的离合器功能相同，是用来切断或接通动力传递的机械装置，以便车辆能平稳起步。变速器主要由一套具有不同速比的齿轮机构组成，其作用也同传统内燃机汽车上的变速器相同，使驾驶人可以根据需要选择不同的变速比，把电机产生的机械动力传给驱动轮。在驾驶人选择低档位时，驱动轮获得低转速大转矩；在驾驶人选择高档位时，驱动轮获得高转速小转矩。差速器的作用是在电动汽车转弯时，使内、外车轮以不同转速行驶，保证车辆的稳定运行。

（2）**电机-驱动桥组合驱动**　电机-驱动桥组合驱动的布置形式如图 2-10b 和图 2-10c 所示。对于此种结构，由于电机具有较大的起动转矩和较宽的调速性能，去掉离合器，改用固定速比减速器，因而可以减少机械传动装置，减小纯电动汽车的质量，增大车内空间。这种电动汽车电驱动系统由电机、固定速比减速器和差速器组成。这些部件有两种布置形式：第一种形式如图 2-10b 所示，各部件之间存在中间机械传动装置；第二种形式如图 2-10c 所示，同传统内燃机汽车发动机横向布置、前置前驱的布置方式相似，把电机、差速器和固定速比减速器这三个部件集成为一个整体，通过两根半轴直接与驱动轮相连，可以省去一些中间机械传动部件。图 2-10c 所示的布置形式最近几年在小型纯电动汽车上得到普遍应用。

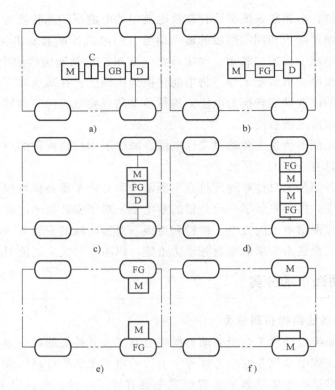

图 2-10 电驱动系统的布置形式

C—离合器 D—差速器 FG—固定速比减速器 GB—变速器 M—电机

(3) **双电机驱动** 双电机驱动的布置形式如图 2-10d 和图 2-10e 所示。这种结构可以实现电子差速，因为两个驱动轮由各自的电机分别驱动，每个电机的转速可以通过各自的固定速比减速器独立调节控制。因此，采用该种结构的电动车辆不存在机械差速器。图 2-10e 所示的形式与图 2-10d 所示的形式差别并不多，只是将电机直接装在车轮里面，进一步缩短动力从电机传到驱动轮的传递路径。另外，为了提供车轮理想的转速，可以在电机和驱动轮之间装行星齿轮变速器（固定速比）。它不但能提供大的减速比，还能将动力输入轴和输出轴布置在一条轴线上。

(4) **轮毂电机驱动** 轮毂电机驱动的布置形式如图 2-10f 所示，它是一种采用轮毂电机的电驱动系统结构。采用这种结构的纯电动汽车使用低速外转子电机，电机的外转子直接安装在车轮的轮缘上，彻底去掉了减速器、差速器等机械传动装置。电机的转速和电动汽车的车速控制完全取决于纯电动汽车的转速控制器。

2. 按蓄电池分类

纯电动汽车目前所采用的蓄电池主要有铅酸蓄电池、锂离子蓄电池及镍氢蓄电池等。其中，铅酸蓄电池技术较成熟，价格也较便宜，但其性能和寿命都要差些。其余几类均属于正在研究改进的蓄电池，其性能均比铅酸蓄电池好，但目前价格较贵，随着工艺技术的成熟及批量的扩大，其性价比将会有较大提高。由于纯电动汽车以蓄电池作为唯一能源，蓄电池的各项性能指标在很大程度上决定了纯电动汽车的性能。

3. 按电机分类

纯电动汽车按其驱动电机类型不同，主要分为直流电机、交流电机、永磁电机及开关磁阻电机等类型。

直流电机是使用最早的一种电机，其技术成熟，速度控制简单且成本低；起动转矩和制动转矩大，易于快速起动和停车；调速范围广、方便，易于平滑调速。但是其笨重，质量和体积较大，可靠性差，需要定期进行维护；由于结构中存在电刷、换向器等磨损使得效率低，高速运行时还会产生火花，容易影响车上电子器件，制约了电机的最高转速。

交流电机是目前电动汽车上应用较多的电机之一。其优点是：结构简单、坚固，成本低；免维护、工作性能稳定、可靠性好，使用寿命长；较直流电机效率高，体积小，重量轻；转矩脉动小，噪声小，转速极限高，响应快；设计和制造工艺成熟。交流感应电机的最大缺点是控制器结构复杂，容易损坏。但是，随着电子技术的发展和调速方法的改进，交流感应电机的调速性能有较大改善，逐渐赶超了直流电机。该电机在现代电动汽车上已被广泛应用。

永磁电机因磁场由永磁材料产生，一般采用电流控制，由于其体积小、调频范围宽、功率密度和效率高、惯性低、响应快等，比较适用于现代电动汽车，具有较为广阔的应用前景。但是其价格昂贵，同时大功率的永磁电机要做到体积小、重量轻比较困难。随着电子技术的不断发展、进步，成本逐渐降低，永磁电机成为最具有前途的电动汽车驱动电机之一。

开关磁阻电机的特点是：结构简单，使用安全可靠；低速转矩大，起动转矩高，起动电流小；转子无绕组，工作效率高，调频范围宽。但是，因为开关磁阻电机有严重的转矩脉动，使电机的振动和噪声较大、非线性严重。并且电机的控制器复杂，价格高。该种电机在现代电动汽车上应用很少。

4. 按用途分类

纯电动汽车按其用途划分，目前主要有纯电动客车和纯电动轿车两类。图 2-11 所示为中通的某款纯电动客车。图 2-12 所示为比亚迪 e6 纯电动汽车。由于纯电动汽车能

图 2-11　中通纯电动客车

量不富裕的特点，它较适合于某些性能要求不高的特定车辆，如游览观光车、高尔夫球场车等。

图2-12 比亚迪e6纯电动汽车

2.2 纯电动汽车蓄电池

2.2.1 蓄电池概述

将化学能转换成电能的装置称为化学电池，一般简称为电池。电池放电后，能够用充电的方式使内部活性物质再生把电能储存为化学能；需要放电时再次把化学能转换为电能，这类电池称为蓄电池，一般也称二次电池。

1. 蓄电池的发展史

1836年，约翰·丹尼尔发明了第一个可长时间持续供电的蓄电池。1859年，法国科学家普兰特·加斯东（Plant Gaston）最早发明了一种能够产生较大电流的可重复充电的铅酸蓄电池。1899年Waldmar Jungner发明了镍镉蓄电池；1901年爱迪生发明了镍铁碱蓄电池；1984年荷兰的飞利浦（Philips）公司成功研制出$LaNi_5$储氢合金，并制备出Ni-MH电池。1991年，可充电的锂离子蓄电池问世，1992年，索尼（SONY）公司开始大规模生产民用锂离子蓄电池。1995年，日本索尼公司首先研制出100A·h锂离子动力蓄电池并在电动汽车上应用，展示了锂离子蓄电池作为电动汽车用动力蓄电池的优越性能，引起了广泛关注。

2. 蓄电池的作用

蓄电池的作用是接收和储存由车载充电机、制动能量回收装置或外置充电装置提供的电能，并且为驱动电机和其他高压用电设备提供电能，类似于燃油车的油箱。图2-13所示为蓄电池向电机供电。

3. 蓄电池的基本组成

蓄电池由电极、电解质、隔膜和容器四部分组成，其中最主要的是正极、负极和电解质。

图 2-13　蓄电池向电机供电

（1）**正极活性物质**　它具有较高的电极电位，在蓄电池放电时进行还原反应或阴极过程。为了与电解槽的阳极、阴极区别开，在蓄电池中称作正极。

（2）**负极活性物质**　它具有较低的电极电位，蓄电池工作时进行氧化反应或阳极过程。为了与电解槽的阳极、阴极区别开，在蓄电池中称作负极。

（3）**电解质**　它拥有很高的、选择性的离子电导率，提供电池内部的离子导电的介质。大多数电解质为无机电解质水溶液，也有固体电解质、熔融盐电解质、非水溶液电解质和有机电解质。有的电解质也参加电极反应而被消耗。

4．蓄电池的分类

（1）**按电解质分类**　蓄电池按电解质种类可分为酸性蓄电池、碱性蓄电池、中性蓄电池及有机电解液蓄电池等。

1）碱性蓄电池。碱性蓄电池的电解质主要以氢氧化钾水溶液为主，如碱性锌锰蓄电池（俗称碱锰电池或碱性电池）、镍镉蓄电池及镍氢蓄电池等。

2）酸性蓄电池。酸性蓄电池主要以硫酸水溶液为介质，如铅酸蓄电池。

3）中性蓄电池。中性蓄电池以盐溶液为介质，如锌锰干电池、海水激活电池等。

4）有机电解液蓄电池。有机电解液蓄电池主要以有机溶液为介质，如锂离子蓄电池等。

（2）**按工作性质和储存方式分类**　蓄电池按工作性质和储存方式可分为一次电池、二次电池、燃料电池和储备电池。

1）一次电池。一次电池又称原电池，即不能再充电使用的电池，如锌锰干电池、锂原电池等。

2）二次电池。二次电池即可充电电池，如铅酸蓄电池、镍镉蓄电池、镍氢蓄电池及锂离子蓄电池等。

3）燃料电池。燃料电池的活性材料是在电池工作时才连续不断地从外部加入其中，如氢氧燃料电池、金属燃料电池等。

4）储备电池。储备电池储存时电极板不直接接触电解液，直到电池使用时，才加入电解液，如镁-氯化银电池。

（3）**按材料分类** 蓄电池按正极和负极材料的不同，可分为锌系电池、镍系电池、铅系电池、锂系电池及二氧化锰系列电池等。

1）锌系列电池：如锌锰电池、锌银电池等。

2）镍系列电池：如镍镉电池、镍氢电池等。

3）铅系列电池：如铅酸蓄电池。

4）锂系列电池：如锂离子蓄电池、锂聚合物电池和锂硫电池。

5）二氧化锰系列电池：如锌锰电池、碱锰电池等。

5．蓄电池的性能参数

（1）**电压** 蓄电池的电压是指其正极与负极之间的电位差，以符号 U 表示，单位为 V。

1）开路电压。开路电压是指在开路状态下，电池两极之间的电势差。

2）额定电压。额定电压是指在规定条件下蓄电池工作的标准电压。采用额定电压可以区分电池的化学体系。

3）放电电压。放电电压是指蓄电池接通负载后在放电过程中显示的电压，又称工作电压。工作电压低于开路电压。

4）放电终止电压。放电终止电压也称放电截止电压，是指蓄电池放电时，电压下降到不宜再继续放电的最低工作电压值。不同类型的蓄电池及不同的放电条件，对应的放电终止电压是不同的。一般而言，低温或大电流放电时，终止电压值得规定低些；小电流或间歇放电时，终止电压值得规定高些。

5）充电电压。充电电压是指在充电电源对蓄电池进行充电时，蓄电池的端电压。充电电流越大，充电电压越高。在同样的充电电流下，蓄电池充电初期的充电电压较低，当蓄电池充足电时其充电电压达到最高。

6）充电终止电压。蓄电池在充电结束（充足电）时，其充电电压已上升至极限，继续充电就将使蓄电池过充电，这个高限电压就称为充电终止电压。

（2）**内阻** 电流通过蓄电池内部时受到阻力，使蓄电池的工作电压降低，该阻力称为内阻，单位为 Ω。

由于内阻的作用，放电时端电压低于开路电压，充电时充电端电压高于开路电压。内阻是非常重要的参数，它直接影响蓄电池的工作电压、工作电流、输出能量与功率等，实用的化学电源，其内阻越小越好。

蓄电池内阻不是常数，它包括欧姆内阻和电极在化学反应时所表现出的极化内阻。欧姆内阻主要由电极材料、电解液、隔膜的内阻及各部分零件的接触电阻组成。它与电池的尺寸、结构、电极的成形方式以及装配的松紧度有关。极化内阻是正极与负极由于电化学极化和浓差极化所引起的电阻之和，与活性物质的本性、电极结构、电池制造工艺有关，尤其是与电池的工作条件密切相关，随放电率、温度等条件的改变而改变。

（3）**容量** 蓄电池在一定的放电条件下所能放出的电量称为容量，以符号 C 表示。其单位常用 A·h 或 mA·h 表示。

1）理论容量（C_0）。即假定活性物质全部参加电化学反应而输出电流时，计算出的电量。理论容量可根据活性物质的数量按法拉第定律计算求出。

2）额定容量（C）。即按国家或有关部门规定的标准，保证蓄电池在一定放电条件（如温度、放电率、终止电压等）下应该放出的最低限度的容量。额定容量是蓄电池性能的重要技术指标。

3）实际容量。在工作中蓄电池实际放出的电量，是放电电流与放电时间的积分，实际放电容量受放电率的影响较大，因而常在符号C的右下角标明放电率，如$C_{20}=50A·h$，表明在20小时率下的容量为$50A·h$。由于电池内阻和其他原因，活性物质不可能完全被利用，因此实际容量、额定容量总是低于理论容量。

4）剩余容量。剩余容量是指在一定放电倍率下放电后，电池剩余的可用容量。剩余容量的估计和计算受到电池前期放电率、放电时间等因素以及电池老化程度、应用环境等多种因素的影响。

（4）**能量** 蓄电池的能量是指电池在一定放电制度下所能释放出的能量，通常用$W·h$或$kW·h$表示。

1）理论能量。理论能量是在规定的放电条件下蓄电池所能输出的电能。蓄电池的理论能量是额定容量与额定电压的乘积。

2）实际能量。实际能量是指蓄电池放电时实际输出的能量，数值上等于电池实际放电电压、放电电流与放电时间的积分，在实际应用中，估算常采用电池组额定容量与放电平均电压乘积进行电池实际能量的计算。由于活性物质不可能完全被利用，电池的工作电压总是小于电动势，因此电池的实际能量总是小于理论能量。

3）能量密度。能量密度是指单位质量或单位体积的蓄电池所能输出的能量，相应地称为质量能量密度（$W·h/kg$）或体积能量密度（$W·h/L$），也称为质量比能量或体积比能量。

在纯电动汽车应用方面，蓄电池质量比能量影响纯电动汽车的整车质量和续驶里程，而体积比能量影响蓄电池的布置空间。因而比能量是评价蓄电池能否满足纯电动汽车应用需要的重要指标。此外，比能量也是比较不同种类和类型蓄电池性能的一项重要指标。

（5）**功率** 蓄电池的功率是指在规定的放电条件下，蓄电池单位时间所能输出的电能，单位为W或kW。

功率密度是指从单位质量或单位体积的蓄电池所获取的输出功率，相应地称为质量功率密度（W/kg）或体积功率密度（W/L），也称为质量比功率或体积比功率。

（6）**过充电与过放电** 蓄电池的过充电与过放电是指充电过度或放电过度。

1）过充电。蓄电池已充足电后的充电为过充电。

2）过放电。蓄电池已放电至终止电压后，继续放电为过放电。

（7）**荷电状态** 蓄电池的荷电状态（State of Charge，SOC）描述了蓄电池的剩余电量，是蓄电池使用过程中的重要参数，此参数与蓄电池的充放电历史和充放电电流大小有关。

美国先进电池联合会定义SOC为，电池在一定放电倍率下，剩余电量与相同条件下额定容量的比值。蓄电池剩余电量受到蓄电池的基本特征参数（端电压、工作电流、温度、容量、内部压强、内阻和充放电循环次数）和蓄电池使用特性因素的影响。

（8）**放电深度** 放电深度（Depth of Discharge，DOD）用于描述蓄电池在放电过程中所达到的深度，在数值上等于放电容量与额定容量之比。

放电深度的高低对蓄电池的使用寿命有很大影响，一般情况下，蓄电池常用的放电深度越深，其使用寿命就越短，因此在使用中应尽量避免蓄电池深度放电。

（9）**使用寿命** 蓄电池在充放电循环使用中，由于一些不可避免的副反应的存在，电池可用活性物质逐步减少，性能退化。其退化程度随着充放电循环次数的增加而加剧，退化速度与蓄电池充放电的工作状态和环境有直接关系。

蓄电池经历一次充电和放电，称为一次循环或一个周期。在一定放电制度下，蓄电池的容量降至某一规定值之前，电池所能耐受的循环次数，称为蓄电池的使用寿命或使用周期。不同类型的蓄电池，其使用寿命有所不同。蓄电池的使用寿命与蓄电池充放电电流的大小、蓄电池的温度及放电深度等均有关系。

（10）**不一致性** 蓄电池的不一致性是指同一规格、同一型号的单体蓄电池组成蓄电池组后，在电压、内阻及其变化率、荷电量、容量、充电接受能力、循环寿命、温度影响等参数方面存在的差别。

纯电动汽车必须使用多块单体蓄电池构成的蓄电池组来满足使用要求。蓄电池的不一致性对于成组使用的动力蓄电池才有意义，由于不一致性的影响，动力蓄电池组在纯电动汽车上使用的性能指标往往达不到单体蓄电池原有水平，使用寿命可能缩短数倍甚至十几倍，严重影响纯电动汽车的性能和应用。

（11）**自放电率** 自放电率是指蓄电池在存放时间内，在没有负荷的条件下自身放电，使得蓄电池的容量损失的速度。自放电率通常与时间和环境温度有关，蓄电池久置时要定期补电，并在适宜的温度和湿度下储存。

6. 纯电动汽车对蓄电池的要求

纯电动汽车电能的唯一来源是蓄电池。为增加纯电动汽车的续驶里程，蓄电池的容量足够大。但是，增大蓄电池的容量，蓄电池组的体积会增大，质量也会增加，从而影响汽车的动力性和整车布局。因此，纯电动汽车需要根据其设计目标和道路行驶工况的不同来选配蓄电池。总体来说，要求蓄电池能量高、功率大、充放电效率高、稳定性好、成本低、安全性好及可回收性好。具体如下：

（1）**能量高** 为了提高纯电动汽车的续驶里程，要求纯电动汽车上的蓄电池尽可能储存多的能量，但纯电动汽车又不能太重，其安装蓄电池的空间也有限，这就要求蓄电池具有高的能量。

（2）**功率大** 为了使电动汽车在加速行驶、爬坡能力和负载行驶等方面能与燃油汽车相竞争，就要求蓄电池具有较大的功率。

（3）**充放电效率高** 蓄电池中能量的循环必须经过充电—放电—充电的循环，高的充放电效率对保证整车效率具有很重要的作用。

（4）**稳定性好** 蓄电池应在快速充放电和充放电过程变工况的条件下保持性能的相对稳定，使其在动力系统使用条件下能达到足够的充放电循环次数。

（5）**成本低** 除了降低蓄电池的初始购买成本外，还要提高蓄电池的使用寿命以延长其更换周期；蓄电池的成本与蓄电池的新技术含量、材料、制作方法和生产规模有关，目前高能量的蓄电池成本较高，使得纯电动汽车的造价较高，开发和研制高效、低成本的蓄电池是电动汽车发展的关键。

（6）**安全性好** 蓄电池为纯电动汽车提供较高的驱动供电电压，可能危及人身安全和车载电器的使用安全，因此要求安全性好。

（7）**可回收性好** 蓄电池在其容量衰减到额定容量的80%时，应确定为蓄电池寿命终结。随着纯电动汽车的大量应用，必然出现大量废旧蓄电池的回收问题。对于蓄电池的可回收性，在电化学性能方面，首先要求做到电池正、负极及电解液等材料无毒，对环境无污染；其次是研究电池内部各种材料的回收再利用。

2.2.2 铅酸蓄电池

1. 铅酸蓄电池的种类

根据铅酸蓄电池的作用可将其分为三种类型：起动式铅酸蓄电池、牵引式铅酸蓄电池和固定式铅酸蓄电池。

起动式铅酸蓄电池由于不能深度充放电，不能用于电动汽车的主电源，一般仅作为低压辅助电源使用。固定式铅酸蓄电池虽然容量可以做到很大，但是比能量较低，体积和质量很大，不适合车用，一般仅用于不间断电源等位置相对固定的场合。牵引式铅酸蓄电池容量相对较大，可深度充放电，比能量较高，一般用于电动汽车的主动力电源。

2. 铅酸蓄电池的结构

铅酸蓄电池一般由3个或6个单体蓄电池串联而成，其结构主要包括极板、隔板、电解液、壳体、端子及极柱等，如图2-14所示。

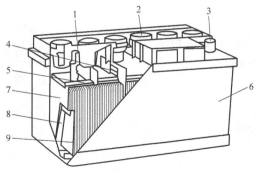

图2-14 铅酸蓄电池的结构组成
1—负极柱 2—加液孔盖 3—正极柱
4—穿壁连接 5—汇流条 6—壳体
7—负极板 8—隔板 9—正极板

(1) 极板　极板由活性物质和栅架组成。极板是蓄电池的核心部分，蓄电池充、放电的化学反应主要是依靠极板上的活性物质与电解液进行的。极板分为正极板和负极板。

当蓄电池放电时，活性物质通过化学反应产生电能，而在充电时又恢复为原组分的极板物质。正极板上的活性物质是二氧化铅（PbO_2），呈深棕色；负极板上的活性物质是海绵状的纯铅（Pb），呈青灰色。将正、负极板各一片浸入电解液中，可获得2V左右的电动势。为了增大蓄电池的容量，常将多片正、负极板分别并联，组成正、负极板组。

(2) 隔板　隔板放在蓄电池正、负极板之间，采用允许离子穿过的电绝缘材料，它能完全或部分地阻挡活性物质，以防止正、负极板互相接触造成短路。隔板应耐酸并具有多孔性，以利于电解液的渗透。常用的隔板材料有木质、微孔橡胶和微孔塑料等。其中，木质隔板耐酸性较差；微孔橡胶隔板性能最好但成本较高；微孔塑料隔板孔径小、孔率高、成本低，因此被广泛采用。

(3) 电解液　电解液在蓄电池的化学反应中，起到离子间导电的作用，并参与蓄电池的化学反应。铅酸蓄电池的电解液由纯硫酸（H_2SO_4）与蒸馏水按一定比例配制而成，其密度一般为1.24~1.30g/cm^3。

电解液的密度对蓄电池的工作有重要影响，密度大，可减少结冰的危险并提高蓄电池的容量，但密度过大，则黏度增加，反而降低蓄电池的容量，缩短使用寿命。

(4) 壳体　壳体用于盛放电解液和极板组，应耐酸、耐热、耐振。壳体多采用硬橡胶或聚丙烯塑料制成，为整体式结构，底部有凸起的肋条以搁置极板组。壳内由间壁分成3个或6个互不相通的单体，各单体之间用铅质联条串联起来。壳体上部使用相同材料的电池盖密封，电池盖上设有对应于每个单体电池的加液孔，用于添加电解液和蒸馏水，以及测量电解液密度、温度和液面高度。

(5) 端子与极柱　端子与极柱是蓄电池与外部导体连接的部件。

铅酸蓄电池实物结构如图2-15所示。

3. 铅酸蓄电池的工作原理

铅酸蓄电池的工作原理包括放电和充电过程，如图2-16所示。

(1) 放电过程　负极板：一方面铅板有溶于电解液的倾向，因此有少量铅进入溶液生成Pb^{2+}（被氧化）而在极板带负电；另一方面，由于Pb^{2+}带正电荷，极板带负电荷，正、负电荷又要相互吸引，这时Pb^{2+}离子又有沉附于极板的倾向。这两者达到动态平衡时，负极板相对于电解液具有负电位，其电极电位约为-0.1V。

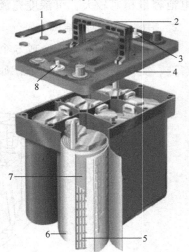

图2-15　铅酸蓄电池实物结构
1—安全阀　2—提手　3—负极端子
4—上盖　5—负极板　6—隔板
7—正极板　8—正极端子

Pb^{2+}和电解液中解离出来的SO_4^{2-}发生反应,生成$PbSO_4$,且$PbSO_4$的溶解度很小,所以生成后从溶液中析出,附着在电极上。

正极放电时有少量PbO_2进入电解液与H_2O发生作用,生成$Pb(OH)_4$,但不稳定,又很快电解成为Pb^{4+}和OH^-,Pb^{4+}沉附在正极板上,使正极板具有正电位,达到动态平衡时,其电极电位约为+2.0V。

当Pb^{4+}沉附到正极板上时,通过外线路来的2个电子被Pb^{4+}俘获,生成Pb^{2+}又与电解液中的SO_4^{2-}发生反应,变为$PbSO_4$,这些$PbSO_4$以固体形式被吸附在正极板上。电解液中存在的H^+和SO_4^{2-}在电场的作用下分别移向电池的正、负极,在电池内部产生电流,形成回路,使蓄电池向外持续放电。

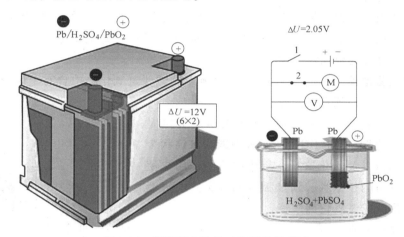

图2-16 铅酸蓄电池的工作原理示意图

放电过程总的反应方程式为

$$PbO_2+2H_2SO_4+Pb \longrightarrow 2PbSO_4+2H_2O \tag{2-1}$$

(2)**充电过程** 即将电能转变成化学能的过程。

充电时,负极板上的$PbSO_4$进入溶液,解离成Pb^{2+}与SO_4^{2-}。电解液中的H_2O解离成H^+与OH^-。充电时,负极板上的Pb^{2+}获得两个电子,被还原成Pb(以海绵状固态析出),这时电解液中的H^+移向负极,在负极附近与SO_4^{2-}结合成H_2SO_4。

充电过程中,正、负极板上的有效物质逐渐恢复,电解液H_2SO_4比重逐渐增加,因此从比重升高的数值也可以判断它充电的程度。电解液中,正极不断产生游离的H^+和SO_4^{2-},负极不断产生SO_4^{2-},在电场的作用下,H^+向负极移动,SO_4^{2-}向正极移动,形成电流。

充电过程总的反应方程式为

$$2PbSO_4+2H_2O \longrightarrow PbO_2+2H_2SO_4+Pb \tag{2-2}$$

4. 铅酸蓄电池的特点

(1)**优点** 在常用蓄电池中,铅酸蓄电池的电压最高,为2.0V;价格低廉;可制成小至1A·h大至几千A·h的各种尺寸和结构的蓄电池;高倍率放电性能良好,可用于发动机起动；高低温性能良好，可在-40~60℃的条件下工作；电能效率高达60%；易于识别荷电状态。

（2）缺点　在电动汽车中所占的质量和体积较大，一次充电行驶里程短；使用寿命短，使用成本高；充电时间长；铅是重金属，存在污染。

2.2.3　碱性蓄电池

碱性蓄电池是以氢氧化钾等的碱性水溶液作为电解液的蓄电池的总称。

最早的碱性蓄电池是瑞典 W. Jungner 于1899年发明的镍镉蓄电池。20 世纪 70~80 年代，镍镉蓄电池曾用作电动车辆的动力蓄电池。但随着新技术的发展以及对金属镉造成的危害的认识，其使用量逐年减少。1984年荷兰飞利浦公司成功研制出镍氢蓄电池，它成为取代镍镉蓄电池的理想产品。20 世纪 90 年代开始，镍氢蓄电池在多种电子产品上广泛应用，并成为电动汽车的主流蓄电池。

（1）镍镉蓄电池　镍镉（Ni-Cd）蓄电池因其碱性氢氧化物中含有金属镍和镉而得名。镍镉蓄电池结构示意图如图 2-17 所示。

镍镉蓄电池的正极材料为球形氢氧化镍，充电时为 NiOOH，放电时为 Ni(OH)$_2$。负极材料为海绵状金属镉或氧化镉粉以及氧化铁粉，氧化铁粉的作用是使氧化镉粉有较高的扩散性，增加极板的容量。电解液通常为氢氧化钠或氢氧化钾溶液。

正极充放电反应式为

$$NiOOH + H_2O + e^- \underset{充电}{\overset{放电}{\rightleftharpoons}} Ni(OH)_2 + OH^- \quad (2-3)$$

负极充放电反应式为

$$Cd + 2OH^- - 2e^- \underset{充电}{\overset{放电}{\rightleftharpoons}} Cd(OH)_2 \quad (2-4)$$

电池总反应式为

$$Cd + 2NiOOH + 2H_2O \underset{充电}{\overset{放电}{\rightleftharpoons}} Cd(OH)_2 + 2Ni(OH)_2 \quad (2-5)$$

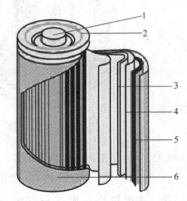

图 2-17　镍镉蓄电池结构示意图
1—正极端子　2—垫片　3—正极材料（氢氧化镍）　4—隔离层
5—负极材料（镉）
6—铁质容器

1）镍电极的反应机理。充电时，电极中 Ni(OH)$_2$ 颗粒表面的 Ni^{2+} 失去电子成为 Ni^{3+}，电子通过正极中的导电网络和集流体向外电路转移；同时 Ni(OH)$_2$ 颗粒表面晶格 OH$^-$ 中的 H$^+$ 通过界面双电层进入溶液，与溶液中的 OH$^-$ 结合生成 H$_2$O。在充电过程中，镍电极上会有 O$_2$ 析出，但这并不表示充电过程已全部完成。通常情况下，在充电不久时镍电极就会开始析氧，这是镍电极的一个特点。

2）镉电极的反应机理。镍镉蓄电池的负极活性物质是海绵状金属镉，放电产物是难溶于 KOH 溶液的 Cd(OH)$_2$。镉电极的放电反应机理是溶解—沉积机理，放电时 Cd 被氧化，生成 Cd(OH)$_3^-$ 进入溶液，然后再形成 Cd(OH)$_2$ 沉积在电极上。

镍镉电池长期不彻底充电、放电，易在电池内留下痕迹，降低电池容量。镍镉蓄电池长期只放出 80% 的电量后就开始充电，一段时间后，电池充满电后也只能放出 80% 的电量。镉是镍镉蓄电池的必备原材料，但有大量研究表明，在人体内，镉的半衰期长达 730 年，可蓄积 50 年之久，摄入或吸入过量的镉可引起肾、肺、肝、骨、生殖效应及癌症。

（2）**镍氢蓄电池** 镍氢（MH-Ni）蓄电池是在镍镉蓄电池的基础上发展起来的，相对于镍镉蓄电池，其最大的优点是不存在重金属污染。镍氢蓄电池于 1988 年进入实用化阶段，1990 年在日本开始规模生产。迄今为止，已开发出了圆柱形和方形的车用镍氢蓄电池。方形镍氢蓄电池如图 2-18 所示。

镍氢蓄电池的结构如图 2-19 所示，主要包括以镍的储氢合金为主要材料的负极板、具有保液能力和良好透气性的隔膜、碱性电解液、金属壳体、具有自动密封的安全阀及其他部件。图示的圆柱形电池，采用被隔膜相互隔离开的正、负极板呈螺旋状卷绕在壳体内，壳体用盖帽进行密封，在壳体和盖帽之间用绝缘材质的密封圈隔开。

镍氢蓄电池正极的活性物质为 NiOOH（放电时）和 Ni(OH)$_2$（充电时），负极板的活性物质为 NH$_x$（放电时）和 H$_2$O（充电时），电解液采用 30% 的氢氧化钾溶液。

图 2-18 方形镍氢蓄电池

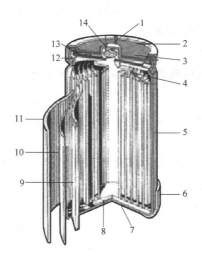

图 2-19 镍氢蓄电池的结构
1—正极端 2—顶盖垫片 3—顶盖 4—胶带 5—壳体 6—PVC 套管
7—负极端 8—底部垫片 9—正极 10—隔膜/电解液
11—负极 12—密封圈 13—安全阀 14—橡皮球

负极反应式：

$$xH_2O+M+xe^- \xrightleftharpoons[\text{放电}]{\text{充电}} xOH^-+MH_x \qquad (2\text{-}6)$$

正极反应式：

$$Ni(OH)_2+OH^- \xrightleftharpoons[\text{放电}]{\text{充电}} NiOOH+H_2O+e^- \qquad (2\text{-}7)$$

总反应式：

$$xNi(OH)_2+M \xrightleftharpoons[\text{放电}]{\text{充电}} xNiOOH+MH_x \qquad (2\text{-}8)$$

镍氢蓄电池在充、放电过程中，正、负极上在进行电化学反应时不发生任何中间态的可溶性金属离子，也没有电解液中的任何组分消耗和生成，因而镍氢蓄电池可以做成密封型结构。镍氢蓄电池的电解液多采用 KOH 水溶液，并加入少量的 LiOH。隔膜采用多孔维尼纶无纺布或尼龙无纺布等。

同镍镉蓄电池相比，镍氢蓄电池具有以下显著优点：①能量密度高，同尺寸电池，容量是镍镉蓄电池的 1.5~2 倍；②无镉污染；③可大电流快速充放电，充放电倍率高；④低温性能好，耐过充放能力强。但是，镍氢蓄电池的缺点是自放电与寿命不如镍镉蓄电池。

2.2.4 锂离子蓄电池

锂是金属中最轻的元素，且锂离子可以在 TiS_2 和 MoS_2 等嵌入化合物中嵌入或脱嵌。分别用两个能可逆地嵌入与脱嵌锂离子的化合物作为正、负极构成的二次电池称为锂离子蓄电池。而这种靠锂离子在正、负极之间的转移来完成电池充放电工作的锂离子蓄电池也被形象地称为"摇椅式电池"。

1. 锂离子蓄电池的分类

根据锂离子蓄电池所用电解质材料的不同，锂离子蓄电池可以分为液态锂离子蓄电池和聚合物锂离子蓄电池。

锂离子蓄电池按形状可分为圆柱形锂离子蓄电池、方形锂离子蓄电池和扣式锂离子蓄电池。

锂离子蓄电池按正极材料可分为氧化钴锂型锂离子蓄电池、氧化镍锂型锂离子蓄电池和氧化锰锂型锂离子蓄电池。

2. 锂离子蓄电池的结构

锂离子蓄电池由正极、负极、隔板、电解液和安全阀等组成。圆柱形锂离子蓄电池的结构如图 2-20 所示。

正极采用锂化合物 $LiCoO_2$（钴酸锂）、$LiNiO_2$（镍酸锂）、$LiFePO_4$（磷酸铁锂）、$LiMnO_2$（锰酸锂）、Li_3TiO_3（钛酸锂）等，这些锂化合物材料是晶状体结构材料。负极采用锂-碳层间化合物 LiC_6。电解质为溶解有锂盐 $LiPF_6$、$LiAsF_6$ 等的有机溶液。隔膜只允许锂离子 Li^+ 往返通过，阻止电子通过，在正、负极之间起到绝缘作用。

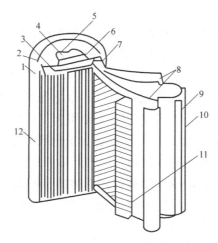

图 2-20 圆柱形锂离子蓄电池的结构
1—绝缘体 2—垫圈 3—PTC 元件 4—正极端子 5—排气孔 6—防爆阀
7—正极引线 8—隔板 9—负极 10—负极引线
11—正极 12—外壳

为了保证锂离子蓄电池的安全性，一般对外部电路进行控制或者在蓄电池内部设有电流切断的安全装置。在使用过程中，遇到蓄电池电压异常上升，安全阀释放气体，以防止蓄电池破裂。安全阀是蓄电池的保护手段。

3. 锂离子蓄电池的工作原理

锂离子蓄电池在原理上实际是一种锂离子浓差电池，正、负极由两种不同的锂离子嵌入化合物组成，正极采用锂化合物 $LiCoO_2$、$LiNiO_2$ 或 $LiMn_2O_4$，负极采用锂碳层间化合物 LiC_6，电解质为 $LiPF_6$ 和 $LiAsF_6$ 等的有机溶液。Li^+ 在正、负极之间的往返嵌入和脱嵌形成电池的充电和放电过程。充电时，Li^+ 从正极脱嵌经过电解质嵌入负极，负极处于富锂态，正极处于贫锂态，同时电子的补偿电荷从外电路供给到碳负极，保持负极的电平衡。放电时则相反，Li^+ 从负极脱嵌，经过电解质嵌入到正极，正极处于富锂态，负极处于贫锂态。正常充放电情况下，锂离子在层状结构的碳材料和层状结构氧化物的层间嵌入和脱出，一般只引起层面间距的变化，不破坏晶体结构；在放电过程中，负极材料的化学结构基本不变。因此，从充放电的可逆性看，锂离子蓄电池的反应是一种理想的可逆反应。

正极反应式：
$$LiMO_2 \longrightarrow Li_{1-x}MO_2 + xLi^+ + xe^- \tag{2-9}$$

负极反应式：
$$nC + xLi^+ + xe^- \longrightarrow Li_xC_n \tag{2-10}$$

电池反应式：
$$LiMO_2 + nC \longrightarrow Li_{1-x}MO_2 + Li_xC_n \tag{2-11}$$

式中 M——Co、Ni、Mn 等金属元素。

4. 锂离子蓄电池的工作特性

在电压方面，锂离子蓄电池对充电终止电压的精度要求很高，一般误差不能超过额定值的 1%。终止电压过高，会影响锂离子蓄电池的寿命，甚至造成过充电现象，对电池造成永久性的损坏；终止电压过低，又会使充电不完全，电池的可使用时间变短。

充电电流方面，锂离子蓄电池的充电率（充电电流）应根据电池生产厂的建议选用。虽然某些电池充电率可达 $2C$，但常用的充电率为 $(0.5\sim1)C$。

放电电流方面，锂离子蓄电池的最大放电电流一般被限制在 $(2\sim3)C$。因为更大的放电电流会使电池发热严重，对电池的组成物质造成损坏，影响电池的使用寿命。同时，由于大电流放电时，电池的部分能量转变成热能，因此电池的放电容量将会降低。在造成过放电（低于 3.0V）时，还会导致电池失效。对于过放电的锂离子蓄电池，在充电前需要进行预处理，即用小电流充电，使电池内部被过放电的单元被激活。

兼顾充电过程的安全性、快速性和电池使用的高效性，锂离子蓄电池通常采用恒流恒压充电方法，其充电过程可分为预充电、恒流充电、恒压充电三个阶段，如图 2-21 所示。

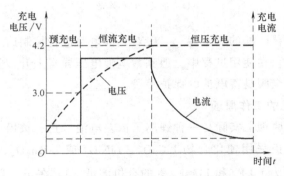

图 2-21 锂离子蓄电池充电特性

(1) **预充电阶段** 在该状态下，首先检测单体蓄电池的电压是否较低（<3.0V），如果是则采用涓流充电，即以一个比较小的恒定电流对电池进行充电直至电池电压上升到一个安全值。否则可省略该阶段，这也是最普遍的情况。因为预充电主要是对过放电的锂离子蓄电池进行修复。

(2) **恒流充电阶段** 涓流充电后，充电器转入恒流充电状态。充电电流保持在一个较大的值不变，电池的最大充电电流决定于电池的容量。

在恒流充电和预充电状态下，可以采用以下两种恒流充电终止法：

1) 电池最高电压终止法。当单体蓄电池的电压达到 4.2V 时，恒流充电状态立即终止。

2) 电池最高温度终止法。在恒流充电过程中，当电池的温度达到 60℃时，恒流充电状态立即终止。

(3) **恒压充电阶段** 恒流充电结束后，即转入恒压充电状态。在该状态下，充电电压保持恒定。因为锂离子蓄电池对充电电压精度的要求比较高，单体蓄电池恒压充电电压应在规定值的±1%之间变化,因此要严格控制锂离子蓄电池的充电电压。在恒压充电过程中,充电器连续监控电池的电压、温度、充电电流和充电时间。

常用来判断恒压充电终止的参数有以下四个:

1) 电池最高电压。当单体蓄电池的电压达到4.25V时,恒压充电状态自动终止。

2) 电池最高温度。当锂离子蓄电池的最高温度达到60℃时,恒压充电状态自动终止。

3) 最长充电时间。为了确保锂离子蓄电池安全充电,除了设定最高电压和最高温度外,还应设置最长恒压充电时间,在温度和电压检测失败的情况下,可以保证电池安全充电。

4) 最小充电电流。在恒压充电过程中,锂离子蓄电池的充电电流逐渐减小,当充电电流下降到一定数值(通常为恒流充电电流的1/10)时,恒压充电状态自动终止。

锂离子蓄电池在热冲击、过充、过放和短路等滥用情况下,其内部的活性物质及电解液等组分间将发生化学、电化学反应,产生大量的热量与气体,使得电池内部压力增高,到达一定程度时可能导致电池着火,甚至爆炸。

电池放电电流越大,正极的温度上升越快,并且温度极值越高。因此,在环境温度较高,且电池大功率放电的情况下,必须采用散热措施,以避免安全问题。充电倍率越大,电池温度上升越快,温度极值也越大。

5. 锂离子蓄电池的特点

(1) 优点

1) 工作电压高。钴酸锂电池为3.6V,锰酸锂电池为3.7V,磷酸铁锂电池为3.2V。

2) 比能量高。理论比能量可达200W·h/kg以上,实际应用中也可达140W·h/kg。

3) 循环寿命长。深度放电循环次数可达1000次以上;低放电深度循环次数可达上万次。

4) 自放电小。月自放电率仅为总容量5%~9%。

5) 无记忆性。锂离子蓄电池可以根据要求随时充电,不会降低其性能。

6) 对环境无污染。由于不包含汞、铅、镉等有害元素,可以说是真正意义上的绿色电池。

(2) 缺点

1) 成本高。

2) 易爆炸。

2.2.5 超级电容器

超级电容器又称为双电层电容器(Electrical Double Layer Capacitor)。它具有超强的储存电荷能力,是一种介于蓄电池和普通电容器之间的新型蓄能装置。它的主要组成部件是集电极(电容板)、电解质和绝缘层。

2.3 纯电动汽车电驱动系统

纯电动汽车电驱动系统主要由中央控制单元、电机、电机控制器和机械传动装置等组成。

中央控制单元对整个电驱动系统进行协调控制。它根据相应的加速和制动指令，发出控制指令，对电机进行起动、加速、减速、制动等控制。

电机的作用是将电源的电能转化为机械能，通过传动装置驱动和直接驱动车轮。

驱动控制器使纯电动汽车实现变速和方向变换，其作用是控制电机的电压和电流，完成电机的驱动转矩和旋转方向的控制。驱动控制器发出相应的控制指令来控制功率变换器的功率装置的通断，功率转换器的功能是调节电机和电源之间的功率流。功率变换器可用于 DC-DC 和 DC-AC 的变换。

机械传动装置的作用是将驱动电机的驱动转矩传给电动汽车的驱动车轮。因驱动电机的转向可以通过电路控制实现变换，因此，电动汽车无须倒档装置。因驱动电机可以带负载起动，所以电动汽车无须离合器。在采用电动轮驱动时，电动汽车无须传统内燃机汽车传动系统中的差速器。

2.3.1 纯电动汽车对电机的要求

纯电动汽车的电机与常规工业驱动电机不同。纯电动汽车的驱动电机通常要求能够频繁地起动、停止、加速、减速。低速、爬坡时要求高转矩，高速行驶时要求低转矩，还要求电机有较宽的调速范围以满足车速变化的需要。因此，纯电动汽车对驱动电机有以下要求：

1）纯电动汽车所用电机应具有宽广的调速范围和平滑性能，包括恒转矩区和恒功率区。在恒转矩区，要求低速运行时具有大转矩，以满足起动和爬坡的要求；在恒功率区，要求低转矩时具有高的速度，以满足汽车在平坦路面上能够高速行驶的要求。

2）纯电动汽车所用电机应具有瞬时功率大，带负载起动性能好、过载能力强，加速性能好以及使用寿命长等特点。

3）纯电动汽车所用电机应在整个运行范围内，具有很高的效率，以提高一次充电续驶里程。

4）纯电动汽车所用电机应能够在汽车减速时实现再生制动，将能量回收并反馈给蓄电池，使得纯电动汽车具有最佳的能量利用率。

5）纯电动汽车所用电机应可靠性好，能够在较恶劣的环境下长期工作。

6）纯电动汽车所用电机的结构应简单坚固、成本低，适合批量生产，便于使用和维护。

7）价格便宜，从而能够减少纯电动汽车的价格，提高性价比。

8）运行时噪声低，减少污染。

2.3.2 电机

电机，是一种将电能转换成机械能或将机械能转换成电能的装置。驱动电机是为纯电动汽车提供驱动力的装置。电机可作为电动机向外输出转矩，驱动汽车前进或后退，还可以作为发电机进行发电。它对于纯电动汽车来说就像人的心脏一样重要，是纯电动汽车电驱动系统的核心部件之一。

1. 电机的性能参数

（1）**电机的额定工作电压**　即电机正常工作时的电压。电机的工作电压可以低于额定工作电压，此时各项参数数值都会下降；电机的工作电压也可以高于额定工作电压，但不要长时间运行，电压也不可过高。

（2）**电机的额定电流**　即电机在额定工作点运行时的电流。

（3）**电机的额定转速**　即电机在额定工作点运转时的转速。

（4）**起动转矩**　即电机起动时所产生的旋转力矩。异步电机，通常起动转矩为额定转矩的125%以上。与之对应的电流称为起动电流，通常该电流为额定电流的6倍左右。

（5）**额定负载转矩**　即电机在额定电压、额定转速时输出的转矩。

（6）**停转转矩**　即电机在额定电压下，加在输出轴上的，最终使电机停转的转矩。

（7）**电机的功率**　电机的功率由转速和转矩决定，即

$$输出功率 P = \frac{转矩\ T \times 转速\ n}{9550}$$

（8）**电机的效率**　电机内部功率损耗的大小是用效率来衡量的，输出功率与输入功率的比值称为电机的效率。效率高，说明损耗小，节约电能。但过高的效率要求，将使电机的成本增加。一般异步电机在额定负载下的效率为75%~92%。异步电机的效率随着负载的大小而变化。空载时效率为零，负载增加，效率随之增大，当负载达到（0.7~1）额定负载时，效率最高，运行最经济。

（9）**转动惯量**　它反映的是具有质量的物体维持其固有运动状态的一种性质。转动惯量的大小直接影响电机的响应速度，转动惯量越大，电机响应越慢；转动惯量越小，电机响应越快。

（10）**功率密度**　电机单位质量所能获得的输出功率值即为功率密度，该值越大，电机的有效材料的利用率就越高。

2. 电机分类

驱动电机可分为三大类，即有换向器电机、无换向器电机和特种电机。

习惯上将有换向器的直流电机简称为直流电机。由于技术成熟、控制简单，直流电机曾在电力驱动领域有着突出的地位。实际上各类直流电机（包括串励、并励、他励、复励和永磁直流电机）都曾在电动汽车上得到应用。但其电刷和换向器需要经常维护，可靠性低，逐渐被交流无刷电机取代。

无换向器电机包括感应电机、永磁同步电机、永磁无刷直流电机和开关磁阻电机等。无换向器电机在效率、功率密度、运行成本及可靠性等方面明显优于传统的直流电机。

特种电机包括同步磁阻电机、永磁阶跃电机、横向磁通量电机和轮毂电机等。

目前纯电动汽车采用的驱动电机主要包括直流电机、交流异步电机、永磁同步电机和开关磁阻电机等。

（1）**直流电机** 直流电机是输出或输入为直流电的旋转电机，它是能实现直流电能和机械能互相转换的电机。

直流电机基本结构示意图如图 2-22 所示，它的固定部分为定子，旋转部分为转子。在定子上装设一对直流励磁的静止的主磁极 N 和 S，在转子上装设电枢铁心，定子与转子之间有一气隙。在电枢铁心上放置由两根导体连成的电枢线圈，线圈的首端和末端分别连到两个圆弧形的铜片上，此铜片称为换向片。换向片之间互相绝缘，由换向片构成的整体称为换向器。换向器固定在转轴上，换向片与转轴之间也互相绝缘。在换向片上放置一对固定不动的电刷，当电枢旋转时，电枢线圈通过换向片和电刷与外电路接通。

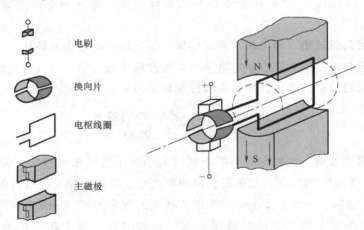

图 2-22 直流电机基本结构示意图

感应电动势的方向按右手定则（磁感线指向手心，大拇指指向导体运动方向，其他四指的指向就是导体中感应电动势的方向）确定，如图 2-23 所示。

由励磁绕组形成磁场的直流电机，根据励磁绕组和电枢绕组的连接方式的不同，分为他励式、并励式、串励式和复励式四种，如图 2-24 所示。

他励直流电机的励磁绕组与电枢绕组无连接关系，而是由其他直流电源对励磁绕组供电，如图 2-24a 所示。

并励直流电机的励磁绕组与电枢绕组并联，如图 2-24b 所示。作为并励电机，励磁绕组与电枢绕组共

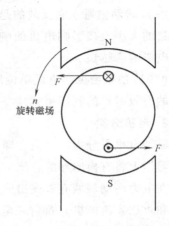

图 2-23 电机旋转方向判定方法

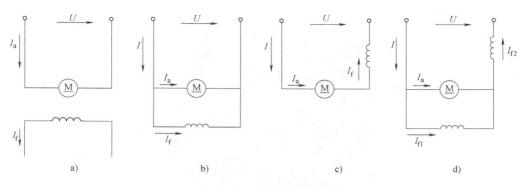

图 2-24 直流电机的励磁方式
a) 他励式 b) 并励式 c) 串励式 d) 复励式

用同一电源,从性能上讲与他励直流电机相同。

串励直流电机的励磁绕组与电枢绕组串联后,再接于直流电源,如图 2-24c 所示。这种直流电机的励磁电流就是电枢电流。

复励直流电机有并励和串励两个励磁绕组,如图 2-24d 所示。若串励绕组产生的磁通势与并励绕组产生的磁通势方向相同,称为积复励;若两个磁通势方向相反,则称为差复励。

(2) 交流异步电机　交流异步电机由静止的定子和可以旋转的转子组成,定子和转子之间为气隙,气隙的大小对交流电机的性能有很大影响。交流异步电机的基本结构如图 2-25 所示。

交流异步电机的定子主要由定子铁心、定子绕组和机座三部分组成。定子铁心主要是作为电机主磁路的一部分并且用来嵌放定子绕组,为了降低定子铁心的铁损耗,定子铁心一般由 0.35~0.50mm 厚、表面涂有绝缘涂料的硅钢片叠压而成。定子绕组是电机的电路部分,通入三相交流电,其作用是吸收电功率和产生旋转磁场。定子绕组由三个在空间上互隔 120°对称排列结构完全相同的绕组(每个绕组为一相)组成。机座主要用于固定定子铁心和前、后端盖,支撑转子并起到防护和散热等作用,一般不作为工作磁路的组成部分。

交流异步电机的转子包括转子铁心和转子绕组。转子铁心是电机磁路的一部分,它由 0.5mm 厚的硅钢片叠压而成。铁心固定在转轴或转子支架上,整个转子的外表呈圆柱形。转子绕组分为笼型和绕线型两类。

交流异步电机的工作原理:均匀分布的定子绕组通入三相正弦交流电,在定子绕组中产生旋转磁场,旋转磁场切割转子绕组,转子绕组中产生感应电动势和感应电流。由于转子感应电流和旋转磁场的存在,必会有磁场力的作用,产生力矩使转子转动。电机转子转速始终小于定子同步转速,保证旋转磁场始终对转子绕组进行切割,转子上持续产生感应电流,转子绕组持续受到磁场力的作用,电机连续运转。

特斯拉电机为自主研发的交流异步电机,如图 2-26 所示。其拥有优秀的缠绕线性,能极大减小阻力和能量损耗。同时,相对整车,其电机体积非常小。

电动汽车概论

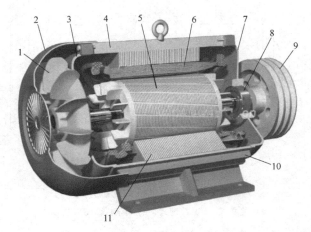

图 2-25 交流异步电机的基本结构

1—风扇 2—风扇罩 3—内端盖 4—机座 5—笼型转子 6—定子绕组 7—前端盖
8—轴承 9—带轮 10—机座散热片 11—定子铁心

图 2-26 特斯拉交流异步电机

（3）**永磁同步电机** 永磁同步电机具有高效、高控制精度、高转矩密度、良好的转矩平稳性及低振动噪声等特点，通过合理设计永磁三路结构能获得较高的弱磁性能，在电动汽车驱动方面具有很高的应用价值，受到电动汽车界的高度重视，是最具竞争力的电动汽车驱动电机系统之一。

永磁同步电机的结构如图 2-27 所示，主要由定子和转子两大部分构成。定子由定子三相绕组和定子铁心构成，如图 2-28 所示。转子主要由永磁体、转子铁心和转轴等构成。

永磁同步电机的定子采用三相对称绕组，三相正弦波电压在定子三相绕组中产生对称三相正弦波电流，并在气隙中产生旋转磁场。旋转磁极与已充磁的磁极作用，带动转子与旋转磁场同步旋转并力图使定子、转子的磁场轴线对齐。在外加负载转矩以后，转子磁场轴线将落后定子磁场轴线一个功率角，负载越大，功率角越大，直到一个极限角度，电机停止。由此可见，同步电机在运行中，转速必须与频率严格成比例，否则会失步停转。因此，电机的转速与旋转磁场同步，其静态误差为零。在负载扰动下，只是功率角变化，而不引起转速变化，其响应时间是实时的。

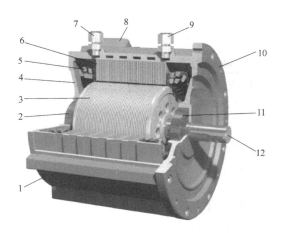

图 2-27 永磁同步电机的结构

1—机座 2、11—轴承 3—转子铁心 4—后端盖
5—三相绕组 6—定子铁心 7、9—冷却水
管接头 8—接线盒 10—前端盖 12—轴

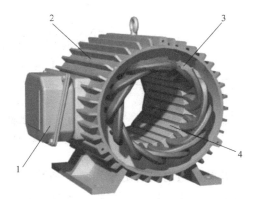

图 2-28 永磁同步电机定子结构

1—接线盒 2—机座 3—定子三相绕组 4—定子铁心

比亚迪 e6 驱动电机如图 2-29 所示,采用永磁同步电机。驱动电机额定功率为 75kW,最大功率为 120kW,电机由外圈的定子与内圈的转子组成,作为电动机可向外输出转矩,驱动汽车前进或后退;也可以作为发电机发电,在下长坡、高速滑行以及制动过程中把势能或者动能转换为电能存储。

(4) **开关磁阻电机** 开关磁阻电机是一种新型调速电机,其调速系统兼具直流、交流两类调速系统的优点,它结构简单坚固,调速范围宽,调速性能优异,且在整个调速范围内都具有较高效率,系统可靠性高。开关磁阻电机实物如图 2-30 所示。开关磁阻电机本体采用定子、转子双凸极结构,单边励磁,即只有定子凸极采用集中绕组励磁,而转子凸极上既无绕组,也无永磁体。定子和转子都由硅钢片叠压而成。开关磁阻电机的转子和定子结构如图 2-31 所示。

图 2-29 比亚迪 e6 永磁同步电机

图 2-30 开关磁阻电机实物

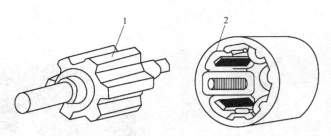

图 2-31 开关磁阻电机的转子和定子结构
1—转子 2—定子

开关磁阻电机的定子和转子相数不同,有多种组合方式,如图 2-32 所示。最常见的有三相 6/4 极结构、三相 6/8 极结构和三相 12/8 极结构。

 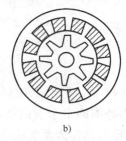 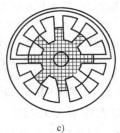

a)   b)   c)

图 2-32 开关磁阻电机的组合方式
a)三相 6/4 极 b)三相 6/8 极 c)三相 12/8 极

开关磁阻电机与其他电机相比,具有一定的优势:
1)开关磁阻电机不仅效率高,而且在很宽的功率和转速范围内都能保持高效率,有利于提高电动汽车的续驶里程。
2)开关磁阻电机很容易通过采用适当的控制策略和系统设计满足电动汽车运行的要求,并且还能在高速运行区域保持强有力的制动能力。
3)开关磁阻电机有很好的散热特性,从而能以小的体积取得较大的输出功率,减小电机体积和质量。
4)开关磁阻电机坚固可靠,无须或很少需要维护,适用于各种恶劣、高温环境,具有良好的适应性。

(5)**其他电机** 轮边电机是指每个驱动轮由单独的电机驱动,但是电机不是集成在车轮内,而是通过传动电机输出轴连接到车轮,具体安装位置如图 2-33 所示。
轮边电机驱动相对于集中电机驱动来说,具有以下优势:以电子差速控制技术实现转弯时内、外车轮以不同转速运动,而且精度更高;取消机械差速装置有利于动力系统减小质量、提高传动效率,降低传动噪声;有利于整车总布置的优化和整车动力学性能的匹配优化;降低对电动汽车电机的性能指标要求,并且具有可靠性高的特点。但是,轮边电机驱动方式也有以下缺点:为满足各轮运动协调,对多个电机的同步协调控制要求高;电机的分散安装布置提出了结构布置、热管理、电磁兼容以及振动控制等多方面

第2章 纯电动汽车

图 2-33 轮边电机安装位置

的技术难题。

轮毂电机是指电机嵌在车轮里，定子固定在轮胎上，转子固定在车轴上，而不是将动力通过传动轴的形式传递到车轮。轮毂电机的布置位置如图 2-34 所示。因为轮毂电机具备单个车轮独立驱动的特性，所以无论是前驱、后驱还是四驱形式，它都可以比较轻松地实现。

图 2-34 轮毂电机布置位置

对于传统车辆来说，离合器、变速器、传动轴、差速器乃至分动器都是必不可少的，而这些部件不但质量大、让车辆的结构更为复杂，同时也存在需要定期维护和故障率的问题，但是轮毂电机就很好地解决了这个问题。除了结构更为简单之外，采用轮毂电机驱动的车辆可以获得更好的空间利用率，同时传动效率也要高出不少。此外，制动能量回收（即再生制动）也可以很轻松地在轮毂电机驱动车型上得以实现。

不过采用轮毂电机，因增加了轮毂的转动惯量，这对于车辆的操控性能是不利的。而且其制动性能有限，维持制动系统运行需要消耗不少电能。此外，轮毂电机的工作环境恶劣，面临水、灰尘等多方面影响，对密封方面也有较高要求，同时在设计上也需要为轮毂电机单独考虑散热问题。

2.3.3 电机控制器

电机控制器（Motor Control Unit，MCU），是纯电动汽车电驱动系统的核心部件之一，它的作用至关重要。简单地讲，类似于传统内燃机汽车的油量调节机构，都是通过调节加速踏板的幅度来进行车速和牵引力的控制。但是电机控制器比油量调节机构的结构、功能更为复杂、全面。电机控制器不仅接收加速踏板的加减速信号，也接收制动踏板、电机转速、车速、电机电枢电压、电流及冷却液温度等信号，经过对这些信号的分析完成对电机的精确控制，并且控制器会将这些信号的数值显示在外接显示屏上以供驾驶人随时掌握车辆状况。此外，电机控制器在电机发生过电流、过电压以及过热情况时都会自动切断主电路以保护汽车及乘员的安全。

江淮 iEV4 的电机控制器如图 2-35 所示，它相当于电机的"大脑"，负责控制车辆的前进、倒退及车速等。

图 2-35 江淮 iEV4 的电机控制器

2.4 纯电动汽车能源管理系统

纯电动汽车能源管理系统是蓄电池保护和管理的核心部件，它的作用要保证蓄电池安全可靠的使用，并向中央控制单元上报蓄电池的基本参数及故障信息。纯电动汽车能源管理系统是集监测、控制与管理为一体的、复杂的系统。纯电动汽车的能源管理系统实物如图 2-36 所示。

纯电动汽车能源管理系统对蓄电池的电压、电流、温度进行时刻检测，同时还进行漏电检测、热管理、电池均衡管理、报警提醒、计算剩余容量、放电功率，报告 SOC、SOH，并根据蓄电池的电压、电流及温度用算法控制最大输出功率以获得最大续驶里程，以及用算法控制充电机进行最佳电流的充电，通过 CAN 总线接口与电机控制器、能量控制系统及车载显示系统等进行实时通信。能源管理系统结构图如图 2-37 所示。

纯电动汽车的能源管理系统具有以下基本功能：

图 2-36 能源管理系统实物

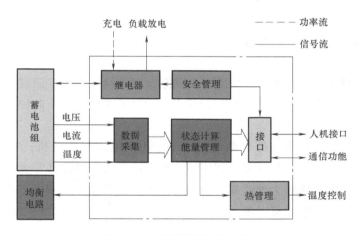

图 2-37 能源管理系统结构图

（1）**数据采集** 能源管理系统的所有算法都是以采集的蓄电池数据作为输入，采样速率、精度等是影响蓄电池系统性能的重要指标。电动汽车能源管理系统的采样速率一般要求大于 50ms。

（2）**蓄电池状态计算** 蓄电池状态计算包括蓄电池组荷电状态（State of Charge, SOC）和蓄电池组健康状态（State of Health, SOH）两方面。SOC 用来提示动力蓄电池组剩余电量，是计算和估计电动汽车续驶里程的基础。SOH 用来提示蓄电池技术状态，预计可用寿命等健康状态的参数。

（3）**能量管理** 主要包括以电流、电压、温度、SOC 和 SOH 为输入进行充电过程控制，以 SOC、SOH 和温度等参数为条件进行放电功率控制两个部分。

（4）**安全管理** 监视蓄电池电压、电流、温度是否超过正常范围，防止蓄电池组过充电、过放电。目前，在对蓄电池组进行整组监控的同时，多数系统已经发展到对极端单体蓄电池进行过充电、过放电及过热等安全状态的管理。

（5）**热管理** 在蓄电池工作温度超高时进行冷却，低于适宜工作温度下限时进行蓄电池加热，使蓄电池处于适宜的工作温度范围内，并在蓄电池工作过程中总保持蓄电池单体间温度均衡。

（6）均衡控制　由于蓄电池的一致性差异导致蓄电池组的工作状态是由最差蓄电池单体决定的，在蓄电池组各个单体蓄电池之间设置均衡电路，实施均衡控制，以使各单体蓄电池充放电的工作情况尽量一致，提高整体蓄电池组的工作性能。

（7）通信功能　通过能源管理系统实现蓄电池参数和信息与车载设备或非车载设备之间的通信，为充放电控制、整车控制提供数据依据。根据应用需要，数据交换可采用不同的通信接口。

（8）人机接口　根据设计的需要设置显示信息以及控制按键、旋钮等。

能源管理系统的主要工作原理可简单归纳为，数据采集电路采集电池状态信息数据后，由电控单元（ECU）进行数据处理和分析，然后能源管理系统根据分析结果对系统内的相关功能模块发出控制指令，并向外界传递参数信息。

2.5　纯电动汽车安全防护

安全是当前汽车技术发展中一个重要的问题，对于纯电动汽车而言，除了要符合传统汽车的相关安全要求之外，针对自身的特点必须采取相应的安全防护措施，以进一步增强安全性保证。

相对于传统内燃机汽车，纯电动汽车由于采用高电压驱动电机，安全问题更加突出。纯电动汽车为了实现较好的能量利用，电源电压远远超过标准安全电压。一旦发生触电事故，对人体的伤害将十分严重。因此在传统汽车安全的基础上，其蓄电池安全性问题不容忽视。此外，由于蓄电池易造成燃烧、爆炸等问题，进行纯电动汽车安全防护研究的意义重大。

2.5.1　高压安全

1. 高压电系统

电气系统是纯电动汽车的重要组成部分。根据用途不同，纯电动汽车的电气系统分为低压电系统和高压电系统。低压电系统一般采用直流12V或24V电源，其设计与施工采用相应的汽车设计规范与标准，技术成熟，可靠性高。高压电系统的工作电压一般在直流300V以上，采用较高的电压规范，能够降低电气设备的工作电流，降低电气设备和整车的重量。但是，较高的工作电压对高压电系统与车辆底盘之间的绝缘性能提出了更高的要求。高压电缆线绝缘介质老化或受潮湿等因素都会导致高压电电路和车辆底盘之间的绝缘性能下降，电源正、负极引线将通过绝缘层和底盘构成漏电流回路，影响乘客的人身安全，而且会影响低压电系统等的正常工作。当高压电电路和底盘之间发生多点绝缘性能严重下降时，还会造成车辆的电气火灾。因此，实时、定量地检测高压电系统，对保证乘客安全、电气设备正常工作和车辆安全运行具有重要意义。

人体能够承受的安全电压是指一定强度的电流通过人体而没有引起任何伤害事故的

电压，因此安全电压的大小取决于人体允许通过的电流和人体电阻。根据国家有关安全标准，人体允许通过的电流不能超过30mA，在某些特殊场合下更小。人体电阻主要由体内电阻、皮肤电阻和皮肤电容组成。人体电阻随着条件的不同在很大范围内变化，但是，人体电阻一般不低于1000Ω。我国安全电压多采用36V，即大体相当于危险环境下的安全电压。有的国家规定2.5V为一级安全电压值，即相当于人体大部分浸入水中，且如果不能摆脱带电体或强烈痉挛即可导致致命的二次事故的情况。

根据国际电工标准IEC 60529中关于机壳和机壳内设备防护等级的标准文件，对正常工作中的触电防护要求是：在任意可接触的触点间的峰值电压应低于42.3V。电动汽车动力系统在危险工况下，避免人体电伤害的安全电流应小于30mA。由于蓄电池在危险工况下可能会出现短路，短路的巨大电流会使短路处甚至使整个电路过热，从而使导线的绝缘层燃烧起来，并引燃周围的可燃物，乘员也可能因接触带电体而发生电伤害。因此，电动汽车的研究与开发要严格控制绝缘电阻值，使之达到人体安全电流的范围。

纯电动汽车的高压电系统的功能是保证整车系统动力电能的传输，并随时检测整个高压系统的绝缘故障、断路故障、搭铁故障和高压故障等，保证整车设备和人员安全，因此它是纯电动汽车产业化的关键技术之一。

绝缘体是相对导电体而言的，在直流电源系统中，定量描述一种介质绝缘性能和导电性能的物理量是电阻。导体的电阻小，绝缘体的电阻大，绝缘体电阻的大小表征了介质的绝缘性能。电阻越大，绝缘性能越好，反之亦然。绝缘体电阻大的电阻称为绝缘电阻。在纯电动汽车的高压电系统中，利用电源的正极引线电缆和负极引线电缆对底盘的绝缘电阻来反映电气系统的绝缘性能。当电动汽车上的电路系统发生漏电时，会直接对乘员的生命造成严重威胁，同时漏电也将影响车上低压电系统等的正常工作。因此，在电源本身安全可靠的条件下，应通过实时测量高压电路与搭铁间的绝缘电阻，根据其大小判断系统绝缘性能，并在电源绝缘性能不好时采取相应的保护措施。

在出现绝缘故障时，首先起动故障诊断程序来对故障进行分级，通过故障的变化趋势来确定故障是渐进变化而来，还是突发产生。若故障是突发产生的，迅速起动上级控制器，否则仍然按既定的时序通报给上级控制器，上级控制器应当反馈相应的处理结果。

在正常或无重大故障时，与接通过程一样，接收请求断开的命令也需要一个确认的过程，同时保证命令的正确传递和必要的响应速度，避免电动汽车行驶时的非正常断开，提高工作可靠性。

在人身安全受到威胁时，应当毫不犹豫地断开高压电系统，而在其他情况下的断开则必须服从一定的优先权。首先必须了解高压电故障的严重等级，了解整车的驱动和能源装置的运行状态；其次考虑行车档位和车速的高压安全断开策略；最后考虑各能源装置运行状态策略。而一旦断开高压供电，则必须有操作者有意识地进行复位，并待原先的故障消失后，才能进入下一次的接通过程。

2. 高压电系统布置要求

根据纯电动汽车的实际结构以及高压回路特性可知，纯电动汽车高压电系统需要在保证整车动力传动的同时，实时监测高压电状态。要求高压电系统能在发生故障时，通过高压接触器及时切断高压回路，保证整车系统和乘员的安全，同时要求在驻车充电或者驻车维修时，能切断所有可能的高压危险因素。系统零部件和电气系统的布置要求易于实现高压电安全监控功能，且安全性好、可靠度高，还需要考虑高压电部件的隔离以及动力蓄电池的电磁干扰问题。下面具体给出了7项纯电动汽车高压电系统的布置要求：

1）供电的所有动力蓄电池做到分组串联，且每组电压小于96V，并配熔断器，可在发生意外短路时断开蓄电池组之间的连接。

2）将一个含有多个动力蓄电池包、两个高压直流接触器以及熔断器独立集成在绝缘封闭的壳体内，这样就可以将高电压的带电部件与外部环境隔绝，同时相互之间的电磁干扰也得到了较好的屏蔽。

3）设计的高压电安全监控系统也安装在一个绝缘封闭的壳体内，而且布置位置需要尽量靠近蓄电池包，以便在发生高压故障时可及时切断高压回路。

4）高压电安全监控系统包含高压回路预充电电路，其目的是防止高压电系统容性负载产生的瞬态冲击，在系统断电后，保证预充电继电器能够完全断开。

5）高压电安全监控系统通过控制高压接触器通断，可以确保电动汽车高压回路的安全性，且在系统断电后，两个高压接触器能够完全断开。

6）在高压回路中布置高压环路互锁电路，以确保蓄电池组外的所有高压电的连续性。

7）设置手动切断高压回路装置，用于维修或者紧急情况下手动切断高压回路。

3. 高压安全操作原则

1）坚持"以人为本，安全第一"的原则，确保人身安全与系统安全。纯电动汽车的安全包括人身安全与系统安全，在制定安全防范措施时，人身安全是优先的，即使发生不可预见的事故、系统崩溃，也要保证人身安全。

2）从系统设计到部件选型、加工工艺、质量检验及维护等都应严格按相关国家标准和国际标准执行。

4. 人员要求

1）纯电动汽车高压操作人员必须具有相应的操作资质（如电工证等），严禁没有资质的人员对纯电动汽车高压电系统进行操作。操作人员上岗前必须进行安全操作训练，严格执行安全操作规范。

2）操作人员上岗不得佩戴金属饰物，如手表、戒指等，工作服衣袋内不得有金属物件，如钥匙、金属、手机和硬币等。

3）操作人员不得把与工作无关的工具带入工作场地，必须使用的金属工具，手持部分应做绝缘处理。

4）每次通高压电源之前，操作人员应检查各高压电器周边有无杂物，并通知无关人员远离上述部件，合闸时要有高声提示。

5. 维护要求

1）拆卸检修高压电器部件时应切断高压回路。

2）车辆长时间停放时，应每周检查一次动力蓄电池状态，防止蓄电池漏电、损坏。

2.5.2 蓄电池安全问题

电池充电期间或汽车行驶过程中，种种原因都有可能引发燃烧、爆炸等事故。现在电动汽车上用的蓄电池多为锂离子蓄电池。当电动汽车采用锂离子蓄电池时，若不同容量的锂离子蓄电池混合使用，过放电时将会使蓄电池组中容量较小的电池出现反极，从而使正极的金属锂形成易燃易爆物质；锂离子蓄电池在充放电过程中碳负极与正极脱出的氧反应会生成易燃气体 CO；由于隔膜被腐蚀使正、负极短路，使有机溶剂电解液发生反应也会生成易燃气体等。以上因素均可能造成电动汽车燃烧或爆炸。

电动汽车中的有毒气体主要生成于蓄电池电化学反应中，如二氧化硫、硫化氢等，达到一定浓度后，会对乘员造成危害。这种危害不仅包括立即的伤害，如身体不适、发病、死亡等，也包括对于人体长期的危害，如致残、癌变等。

由于蓄电池的电化学反应中大多有氧气生成，一般氧气体积分数超过 23.5% 的称为氧气过量，此时很容易发生爆炸；而氧气体积分数低于 19.5% 的称为氧气不足（缺氧），此时很容易发生窒息、昏迷以至死亡。正常的氧气含量应在 20.9% 左右。

蓄电池在危险工况下，如碰撞、挤压等，通常造成电解液泄漏。造成泄漏的原因主要有两方面：①由于加工的原因，产品存在形状及尺寸偏差等各种缺陷，使零件连接处产生间隙，由于密封两侧存在压力差，工作介质就会通过间隙而泄漏；②因为外界作用导致蓄电池壳体破坏，从而造成电解液泄漏。电解液的泄漏可能对乘员产生气体、腐蚀等化学伤害，并可能会烧伤乘员和救援人员。

因此，对电解液泄漏的研究有利于改进电动汽车设计的整车安全性。目前有以下要求：危险工况下，控制乘员舱外的电解液泄漏量不超过 5.0L；危险工况下，蓄电池的电解液不得进入乘员舱；危险工况下，蓄电池的电解液不能从车上甩出。

2.5.3 安全防护措施

1. 高压安全防护措施

（1）漏电保护器　纯电动汽车采用漏电保护器是必要的，一旦有正母线或负母线与车身相连，保护器就报警，这就避免了电机壳体漏电成为高压正极，导致车上的人触摸负极造成电击伤。这样的设计也可避免空调系统高压、DC-DC 系统高压的泄漏。

（2）高压互锁　逆变器密封在高压盒中，非工作人员不能拆开，但也会有工作人员疏忽和非工作人员强行拆开的情况。为防止电击伤，在逆变器盒盖上设计有高压互锁开关，只要逆变器盒体打开，开关就会动作，控制器收到信号断开系统的主继电器，可以避免意外电击出现。

（3）绝缘电阻检测　较高的供电电压对整车的电气安全提出了更高的要求，尤其是对高压系统的绝缘性能提出了更为苛刻的要求。绝缘电阻是表征电动汽车电气安全性好坏的重要参数，相关电动汽车安全标准均做了明确规定，目的是为了消除高压电对车辆和驾乘人员人身的潜在威胁，保证电动汽车电气系统的安全。

2. 运行安全注意事项

1) 车辆行驶过程中，若发现车辆异常或故障影响行车，驾驶人首先应在安全区域停车，切断主电源，打开车门，使乘员及时下车以保证乘员人身安全。在车门无法正常开启的情况下，采用放气阀放气的方法保证乘员安全下车，同时通知调度人员，安排抢修和救援。车内发现异味或烟火等险情时，在保证乘员安全的情况下，利用车上装备的灭火装置灭火。

2) 雨雪天行车时，除加强绝缘测量外，在行车过程中，必须注意车辆涉水深度限制。若发生车辆漏电情况，必须停止车辆行驶，切断车辆主电源。

3) 车辆充电过程中，密切关注蓄电池电压、电流等参数变化，如出现参数异常，超出充电技术参数最大限制，应立即停止充电，并及时汇报。若发现异味、电池燃烧等情况，应立即切断电源，利用灭火设施灭火，并尽快使发生故障的电池组与车辆分离。

2.6 纯电动汽车其他系统

2.6.1 电动助力转向系统

汽车转向系统经历了从简单的机械式转向系统、液压助力转向系统，发展到目前开始广泛应用的电液助力转向（Electro-hydraulic Power Steering，EHPS）系统和电动助力转向（Electric Power Steering，EPS）系统。电子化和电动化技术的应用降低了转向系统的能量消耗，改善了车辆的操纵稳定性能。

电动助力转向系统是一种直接依靠电动机提供辅助转矩的动力转向系统。电动助力转向系统的结构如图 2-38 所示，主要由传感器、电动机、减速机构及控制器等关键部件组成。

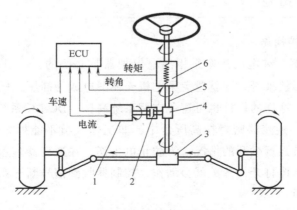

图 2-38　电动汽车助力转向系统的结构

1—电动机　2—离合器　3—齿轮齿条转向器　4—减速机构　5—转向轴　6—转矩传感器

传感器主要有转矩传感器、车速传感器及电流传感器等,转矩传感器用于测量驾驶人通过转向盘输入的转矩和转向盘转角;车速传感器提供车速信号;在电动机处的电流传感器,获得电动机的电流并反馈至控制器。这些都是 EPS 系统的控制信号。

EPS 控制单元主要指控制器,其功能主要是接收来自车速传感器的车速信号和转矩传感器的转向盘转矩信号,控制器的中央处理单元根据相应的控制策略对信号进行复杂的运算和处理,并生成控制指令,控制电动机输入电流的大小和方向,从而得到所需的助力。

电动机的功能是根据控制单元的指令输出合适的辅助转矩,是 EPS 系统的动力源。电动机性能对 EPS 系统的性能有很大影响,是 EPS 系统的关键部件之一。因此 EPS 系统对电动机有很高的要求,不仅要求低速大转矩、波动小、转动惯量小、尺寸小、重量轻,而且要求可靠性高、易控制。

EPS 系统的减速机构与电动机相连,起到降速增矩的作用。常采用蜗轮蜗杆机构,有的也采用行星齿轮机构。有的 EPS 系统还配用离合器,装在减速机构一侧,用于保证 EPS 系统只在预先设定的车速行驶范围内起作用。当车速达到某一值时,离合器分离,电动机停止工作,转向系统转换为手动转向。另外,当电动机发生故障时,离合器将自动分离。

与传统动力转向系统相比,EPS 系统具有以下特点:

1)EPS 系统能够在不同车速下给车辆提供最佳的转向助力,其助力特性的设计依据车速高低而不同,可以兼顾车辆低速行驶时的转向轻便性和车辆高速行驶时的转向稳定性,从而改善车辆的操纵稳定性。

2)EPS 系统取消了油泵、传动带、带轮、液压软管及密封件等零件,零件数量大大减少,易于模块化设计与安装。

3)EPS 系统没有液压装置,因此不存在渗油问题,可大大降低保修成本并减少对环境的污染。

4)EPS 系统更易调整和检测,因而能缩短开发和生产周期。

EPS 系统的进一步发展,一方面需要开发可靠性高、成本低的传感器,另一方面需要开发满足助力要求、驾驶人舒适性要求且低成本的电动机。此外,如何设计合理的控制策略以保证 EPS 系统的动态性能、稳定性以及可靠性,保证驾驶人获得良好的路感,使系统能与整车上其他控制子系统相互通信协调工作以实现整车综合控制,是研究的重点,而更多的先进控制策略,如人工智能控制方法等,将应用于电动助力转向系统的控制中。

2.6.2 电动空调系统

空调系统是传统汽车和电动汽车功耗最大的辅助子系统,它的功耗占所有辅助子系统功耗的 60% 以上。电动空调系统由于能量效率高、调节方便、舒适性好等优点逐步成为车辆空调研发和应用的热点及发展趋势。传统汽车与电动汽车空调系统的区别在于:电动汽车没有发动机的余热可以利用或者不能完全利用发动机的余热,需采用热泵型空调系统或辅助加热器；电动空调压缩机可以用电动机直接驱动，但对压缩机高转速性和密封性的要求较高。

对于电动空调系统，常见的有电动热泵式空调系统，如图 2-39 所示。空调系统的制冷/制热模式由四通换向阀转换，实线箭头表示制冷工况，虚线箭头表示制热工况。从原理上讲，该系统与普通的热泵空调并无区别，但是由于用于电动汽车，其专门开发了双工作腔滑片压缩机、直流无刷电动机和逆变器控制系统。

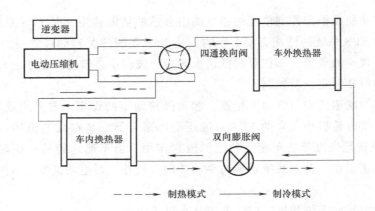

图 2-39　电动热泵式空调系统原理

相比传统空调系统，电动空调系统在环境保护、前舱结构布置以及车厢舒适性等方面均有优势，其主要优点如下：

1）电动空调系统可以采用全封闭的 HFC134（目前汽车空调主要使用的制冷剂）。系统及制冷剂回收技术，整体的高度密封性可以减小正常运行以及修理维护时制冷剂的泄漏损失，从而减少对环境的污染。

2）电动空调的压缩机靠电动机驱动，因此可以通过精确的控制以及在常见热负荷工况下的高效率运行来降低空调系统的能耗，从而提高整车的经济性。

3）采用电驱动，噪声较低、可靠性高、使用寿命长、故障率低。

4）对于一体式电动压缩机，取消了发动机与压缩机之间的传动带，没有了张紧件，相对于传统结构减小了整车质量。

5）可以在上车之前预先遥控启动电动空调，对车厢内的空气进行预先调节，相比传统空调可增加乘员的舒适性。

目前国内的电动汽车空调产品处于研发和试验装车阶段，关键零部件技术已达到国际先进水平。相比于其他电动化附件，电动空调系统涉及的部件数更多，系统集成的内容和难度也更大，相应的产品销售价值也高。

2.6.3　仪表系统

汽车仪表系统是各类汽车的重要装置，是驾驶人与汽车进行人机交互的接口，驾驶人通过仪表系统可以随时掌握汽车各个部件的工作状态，获取汽车运行的参数、故障及里程等信息。图 2-40 所示为某款纯电动汽车仪表系统的实物外观图。

图 2-40　某款纯电动汽车仪表系统的实物外观图

早期的汽车仪表驱动是机械式的，用指针显示。这种仪表由于机械式仪表精度低，可靠性差，一旦出现故障很难处理。之后发展的电子化仪表，不仅可以改善驾驶人的目视性，还有助于汽车仪表功能的多样化。汽车仪表的电子化，从一个侧面反映出汽车电子化水平的提高程度。

自第一辆汽车问世以来，汽车走过了 100 多年的发展历程。汽车的发展促使汽车仪表也在不断发展。按工作原理上的重大技术创新情况，可以将汽车仪表划分为四代：第一代是基于机械作用力而工作的机械式仪表；第二代的工作原理是电测原理，即通过各类传感器将被测的非电参量变换成电信号加以测量，通常称这类仪表为电气式仪表；第三代为模拟电路电子式仪表；第四代为步进电动机式全数字汽车仪表。

现代汽车仪表正在经历由第三代向第四代转型的时期。第三代汽车仪表的工作原理与电气式仪表基本相同，只不过是用电子器件取代原来的电气器件。随着电子技术和微处理器技术的发展，第四代仪表采用步进电动机驱动指针。微型步进电动机是一种以脉冲信号为驱动信号的特殊电动机，用其驱动仪表指针，具有精度高、可靠性好、指示简单直观以及符合传统视觉效果等特点。

纯电动汽车仪表系统在显示内容方面不同于传统电动汽车。纯电动汽车没有油箱和发动机，由蓄电池组和电机分别提供能源和动力，驾驶人不再需要了解油量和发动机信息，而是需要了解蓄电池组的工作情况和电机信息。因此，纯电动汽车仪表在保留传统汽车仪表板显示信息的基础上，增加了蓄电池与电机工作状态等信息。

GB/T 19836—2005《电动汽车用仪表》明确规定，电动汽车用仪表的类别应包括电池荷电状态指示器、电压表、电流表、转速表、绝缘电阻、驱动电机指示仪表、动力蓄电池指示仪表装置及动力充电指示等信息。

目前，电动汽车仪表系统多为采用 CAN 总线通信和液晶显示器（LCD）显示的 CAN 总线组合仪表，将以前模拟组合的分离式仪表数字化地统一管理起来，在提高精度、稳定性和寿命的同时，降低了制造成本。

纯电动汽车组合仪表显示的内容包括表头（指针）和报警（指示灯）显示两部分。指针显示的内容包括电机转速、车速、电压、电流及荷电状态等；指示灯显示的报警信号主要有运行准备就绪、过热、超速、剩余容量低限、绝缘电阻、电机控制器就绪、能量回馈故障、停车指示、充电指示、互锁指示、系统故障及动力蓄电池故障等。

将纯电动汽车的电控单元和智能仪表设计成 CAN 网络上的智能节点，仪表通过 CAN 接口接收电控单元发来的车速、电机转速、电量、冷却液温度、汽车档位及其他车况信息，并进行相应的分析和处理，处理的结果由 LCD 进行显示，同时嵌入式系统通过触摸屏技术将驾驶人对 LCD 的操作处理成命令，通过 CAN 总线传递给电控单元。CAN 总线将各种不同的数据处理模块有效地连接在一起，实现数据的无阻碍传输，减少了布线，有效地节约了空间，极大地提高了可靠性，方便仪表板的维护。

随着计算机技术、电子技术、网络技术以及液晶显示技术的不断发展，纯电动汽车仪表系统也将更多地融合新技术，功能也将极大地拓宽。

随着汽车电子化水平的不断提高，汽车的电子控制程度也越来越高。车身电子控制装置能够迅速、准确地处理各种复杂的信息，并通过汽车仪表以数字、文字或图形等方式显示出来，使驾驶人了解和掌握汽车的当前状态，以便及时处理各种复杂的情况。同时为了实现汽车功能的多样化，现代汽车已经开始配备故障诊断、地图显示、导航及各种信息服务装置，而使用汽车仪表作为信息显示终端，提供大量复杂信息也是大势所趋。

纯电动汽车的电子化仪表可采用数字、文字及图片显示，可进行分时、分屏显示，也可以在同一个界面同时显示多个参数，实现一表多用的功能。

随着显示器件性能的不断提高，在价格进一步降低的前提下，纯电动汽车仪表的显示形式将发生根本变化，外观上将演变成一个高清晰度的计算机显示器。

随着网络通信技术的日趋成熟，各种有线、无线的数据通信网被用于现代纯电动汽车，使得驾驶人与乘员可以通过汽车仪表与公共互联网相交互，以便充分共享信息资源。

汽车仪表的外形设计也是决定汽车仪表是否受欢迎的重要因素之一。仪表造型美观，不仅可以给汽车增加亮点，也为驾驶人和乘员增加了乘车的舒适度。因此，未来汽车仪表将选用外形设计自由度非常高的电子显示器件来进行设计。

思 考 题

1. 简述纯电动汽车的结构组成及工作原理。
2. 简述纯电动汽车常用蓄电池的特点。
3. 简述纯电动汽车对电机的要求。
4. 简述纯电动汽车电驱动系统的组成及工作过程。
5. 纯电动汽车蓄电池的安全隐患有哪些？
6. 纯电动汽车的安全防护措施有哪些？
7. 简述纯电动汽车电动助力转向系统的工作原理。
8. 简述纯电动汽车电动空调系统的工作原理。

第3章

混合动力电动汽车

从动力系统组成结构看,混合动力电动汽车是传统内燃机汽车向纯电动汽车过渡的产物。由于兼具传统内燃机汽车高速经济行驶以及纯电动汽车中低速大转矩行驶等优点,同时独具发动机增程充电以及电机助力全负荷省油运行等技术优势,混合动力电动汽车目前在新能源汽车市场上占据了很大空间。据 *Auto Mfg & Production* 《汽车制造与生产》期刊预测,混合动力电动汽车在2020年的市场占比将达到25%,逐渐成为新能源汽车行业的主导产品。

本章重点介绍三种典型构型的混合动力电动汽车的基本结构、工作原理与性能优点。

3.1 概述

由于使用高能量密度的化石燃料作为动力源,传统内燃机驱动的汽车可以行驶很长的距离。不过,由于发动机起动和怠速过程中其输出转矩偏小,燃油经济性差,且考虑到化石能源的日渐稀缺和减少废气排放,广泛使用清洁能源已成为汽车界的共识。近几十年来,混合动力电动汽车(Hybrid Electric Vehicle,HEV)发展迅速,其基本设计思路是将电机和内燃机以串联、并联或混联的方式有机耦合成一体,以充分发挥燃油发动机高能量密度、续驶里程长等优点,同时克服纯电动汽车蓄电池能量密度低、续航里程短等问题。此外,还可利用起停阶段电机的工作来克服频繁起停和发动机怠速运转时输出转矩小、燃油经济性差等问题。由于电机同时发挥了电动机和发电机的作用,可保证在任意行驶工况下发动机处于最佳燃油经济性区间工作,同时回收部分制动能量。

虽然混合动力电动汽车同时具有电机和发动机驱动的综合优势,但是,由于其结构复杂,相应的控制和设计过程也非常复杂,不仅需要合理控制发动机和电机的动力输出,还要使动力耦合过程平稳进行。此外,控制过程需要协调不同矛盾的性能指标的优化控制要求,并考虑非线性和不确定因素等综合问题。

为了在结构复杂度可控的范围内实现混合动力驱动,驱动系统的动力源通常不超过两个。此外,为确保有效回收制动能量,驱动系统中必须包含一个能量可双向流动的动力系统。

3.1.1 混合动力电动汽车动力传递模式

混合动力电动汽车驱动系统所有的动力传递线路图如图3-1所示。

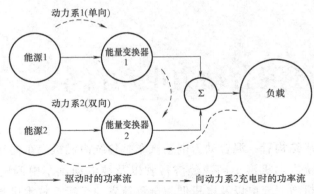

图 3-1　驱动系统动力传递线路图

根据图 3-1，可以将动力的传递模式分为以下九类：
1）动力系 1 单独驱动。
2）动力系 2 单独驱动。
3）动力系 1 和动力系 2 同时驱动。
4）负载机械能转换为电能提供给动力系 2。
5）动力系 1 给动力系 2 提供电能。
6）动力系 1 和负载同时转换电能提供给动力系 2。
7）动力系 1 给动力系 2 提供电能，并驱动负载。
8）动力系 1 给动力系 2 提供电能，动力系 2 驱动负载。
9）动力系 1 驱动负载，负载转换电能输送给动力系 2。

为实现上述动力传递模式，混合动力电动汽车必须包含内燃机、电机、DC-DC 变换器、蓄能装置、电驱动装置及变速器。内燃机将燃料化学能转换为机械能。电机可用于发电，也可以用于驱动汽车行驶。蓄能装置主要储存电能，用于给电机提供电力，常见的有高容量蓄电池组。电驱动装置对电机输出/输入动力的大小进行调控，由电力电子器件和电子控制器组成。DC-DC 变换器由电力电子线圈和储能电感线圈组成，用以完成高、低压直流电之间的相互变换，以实现蓄能装置与电驱动装置之间的电气连接。变速器采用传统内燃机汽车的结构设计，动力依次通过变速器、主减速器和差速器传递至车轮。它们都可以起到作为动力耦合部件的作用。

以上关键部件的相互作用关系如图 3-2 所示。其中 ISG（Integrated Starter Generator）为集成起动机的电机，内燃机位于 ISG 之前，蓄能装置为高压动力蓄电池，电驱动装置为集成动力单元 IPU（Integrated Power Unit），变速器采用常规的 5 档机械式变速箱 5MT。

根据以上分析，每类模式可以具体总结为以下内容。
1）单发动机驱动模式。此时蓄电池组几乎已完全放电，发动机的动力只能满足动力驱动的要求；或者蓄电池组已完成充电，但发动机动力输出足以满足动力驱动的要求。

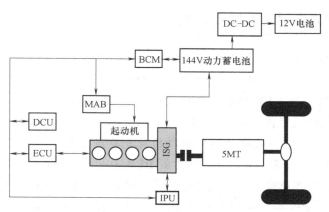

图 3-2 混合动力电动汽车关键部件及动力传递关系

2)单电机驱动模式。起步怠速阶段或频繁起停阶段,不需要发动机工作,可以提高燃油经济性和输出转矩,降低排放。

3)混合驱动模式。需要动力系统输出大功率的模式,如急加速、爬陡坡等工况。

4)再生制动模式。电机以发电机模式工作,用于回收制动过程中由车辆动能或势能转换的电能,并储存于蓄电池中。

5)发动机向蓄电池组充电模式。发动机输出动力向蓄电池充电,而不用于驱动汽车行驶。此时车辆处于停止、惯性滑行或小坡度下坡等运行状态。

6)蓄电池同时储存再生制动充电电能与内燃机发电电能模式。

7)发动机驱动车辆并同时向蓄电池组充电模式。

8)发动机向蓄电池组充电,同时蓄电池组供电给电机驱动车辆的模式。

9)借助于车辆的质量,利用发动机的动力给蓄电池组充电的模式。当两动力系统分别安装在车辆的前、后两轴上时,此工作模式有效。

3.1.2 混合动力电动汽车分类

根据混合动力系统电机输出功率与系统总输出功率之比,可将混合动力系统分为以下四类:

(1)**微混合动力系统** 通过带传动或链传动使内燃机起动电机驱动混合动力车用电机。该系统可以在发动机起停、怠速阶段降低油耗与排放。

(2)**轻混合动力系统** 该系统可以在减速和制动时回收部分能量,也可以在发动机等速运转时平衡车轮动力需求与电机充电需求。

(3)**中混合动力系统** 和其他混合动力系统相比,中混合动力系统使用高压电机。这样,一旦处于加速或大负荷工况,可以使用电机助力驱动车轮,以弥补发动机动力输出的不足。

(4)**完全混合动力系统** 该系统能实现由电机和内燃机一起或独立驱动车辆行驶。在低速和缓慢行驶工况,以及需要汽车起步及倒车时,汽车采用纯电动行驶模式。

3.1.3 混合动力电动汽车发展历史

电动汽车于 1834 年发明。1900 年,美国销售的 4200 辆汽车中,40% 为电动汽车。

1895 年,汽油机汽车发明。以此为基础,1898 年,费尔南德·波尔舍博士制造出了世界上首款 HEV。该 HEV 利用内燃机(Internal Combustion Engine, ICE)驱动发电机为汽车上的轮毂电机提供能量,驱动汽车行驶。1903 年,克里格(Krieger)公司制造了一辆采用汽油机为使用蓄电池组的电动机补充能量的 HEV。20 世纪初,一家比利时汽车制造公司 Piper 发明了一款 3.5 马力的 HEV——"Voiturette",其中成对的小型汽油机与电机安装在汽车座椅下,巡航时电机用作发电机给电池充电,爬坡时用作电动机助力发动机驱动。1905 年,美国工程师 H. Piper 申请了一项油电混合动力汽车专利,即利用电机给 ICE 助力,其结构设计与现在的 HEV 类似。

到 1930 年,HEV 和纯电动汽车逐渐从市场消失。这是因为与传统汽油机汽车相比,HEV 和电动汽车有以下不足:

1) 大型蓄电池组的使用使车辆造价昂贵。
2) 蓄电池组能量密度低、功率有限,动力性比汽油机汽车差。
3) 单次充电续驶里程不足。
4) 充电时间长。

直至 20 世纪,因为石油资源危机,人们才开始重新关注电动汽车的发展。1976 年,美国南加州提出了纯电动汽车和 HEV 研发及示范运行的法案,建议将电动汽车列为减小石油依赖与空气污染的备选方案。1990 年,受南加州光化学烟雾事件的影响,加州空气质量资源管理委员会通过了零排放车辆议案。在此压力下,许多公司都开始研发纯电动汽车和 HEV。燃料电池电动汽车也在该阶段得以研发。著名的产品有通用 EV1、福特 Ranger 皮卡电动、本田 Plus、尼桑 Altra 及丰田 RAV4 等。

1997 年,第一辆现代 HEV 丰田普锐斯在日本销售,其可堪称现代 HEV 技术的鼻祖。由于传统汽油机汽车和纯电动汽车的优点可以有机综合成一体,这些 HEV 产品给消费者提供了真实的高性能体验。目前,市面上有 10 余个主要汽车公司生产的 40 多款 HEV 在售。

3.2 混合动力电动汽车用发动机

HEV 的发动机通常会工作在频繁起停工况。在严苛的排放控制标准要求下,HEV 的发动机需要先满足高燃油经济性及燃烧热效率的要求。如果此时发动机的功率输出不足,则可由驱动电机进行动力补充。

目前的 HEV 的发动机均较传统燃油汽车进行了重大改进设计。典型的丰田普锐斯 1.5L 汽油机采用的是膨胀比大于压缩比的可变气门正时阿特金森循环发动机。同时,还采用了紧凑倾斜挤气燃烧室和铝合金制缸体。

与传统奥托循环相比,阿特金森循环的特点是让进气门晚关,进而增加了进气的回流行程，从而使泵气行程和压缩功得以有效减小。阿特金森循环原理如图3-3所示。因为膨胀比比压缩比大，所以热效率得以提高，油耗得以降低，阿特金森循环优势如图3-4所示。

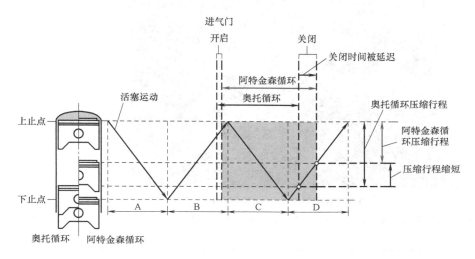

图3-3 阿特金森循环原理
A—膨胀行程 B—排气行程 C—进气行程 D—压缩行程

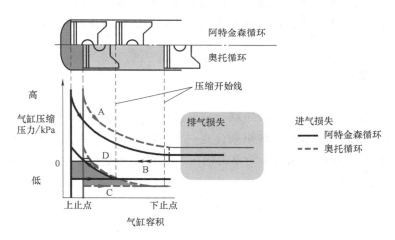

图3-4 阿特金森循环优势
A—膨胀行程 B—排气行程 C—进气行程 D—压缩行程

任何事物都有其优缺点，阿特金森循环发动机也不例外。在低速低负荷运行时，其输出功率偏低。不过，由于HEV中电机的存在，可以发挥其低速大转矩和大功率行驶时的助力作用，从而克服这一问题。也正是因为这个原因，阿特金森循环发动机特别适用于HEV。

阿特金森循环发动机在丰田普锐斯上的安装如图3-5所示，活塞行程大于缸径是该类发动机的特征。

图 3-5 丰田普锐斯上安装的阿特金森循环发动机

1—减速机构 2—变频器 3—发动机输出轴 4—行星齿轮组 5—MG2 电动机 6—MG1 发电机

3.3 混合动力电动汽车的动力耦合装置

混合动力电动汽车包含发动机、电机和蓄电池组。通过机械耦合装置，可以实现对发动机和电机输出动力的平稳耦合并驱动汽车行驶。机械耦合有转矩耦合与转速耦合两种方式。

3.3.1 转矩耦合

在功率平衡要求的约束下，转矩耦合装置确保输入与输出的转速比为定值，而输出转矩等于输入转矩的线性叠加。转矩耦合是一个三端口、二自由度的机械配置，其耦合原理如图 3-6 所示，其中，端口 1 为单向输入，端口 2 和端口 3 为双向的输入或输出，但二者不能同时为输入。

图 3-6 转矩耦合

功率平衡 $$T_3\omega_3 = T_1\omega_1 + T_2\omega_2 \tag{3-1}$$

约束 $$\omega_3 = \frac{\omega_1}{k_1} = \frac{\omega_2}{k_2} \tag{3-2}$$

耦合特性：
$$T_3 = k_1 T_1 + k_2 T_2 \tag{3-3}$$

式中 T_1——输入端口 1 转矩，单位为 N·m；

ω_1——输入端口 1 转速，单位为 r/min；

T_2——输入端口 2 转矩，单位为 N·m；

ω_2——输入端口 2 转速，单位为 r/min；

T_3——输出端口 3 转矩，单位为 N·m；

ω_3——输出端口 3 转速，单位为 r/min。

常见的转矩耦合装置有很多，平行轴式有级齿轮传动是其中一种，如图 3-7 所示。其中，$k_1 = \dfrac{z_3}{z_1}$，$k_2 = \dfrac{z_3}{z_2}$，z_1、z_2、z_3 为齿轮齿数。

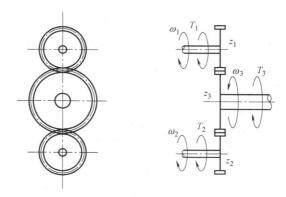

图 3-7 平行轴式有级齿轮传动

链/带传动也可实现转矩耦合，如图 3-8 所示。其中 $k_1 = \dfrac{r_2}{r_1}$，$k_2 = \dfrac{r_3}{r_4}$。

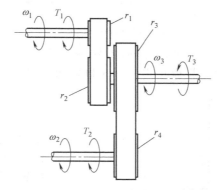

图 3-8 链/带传动

r_1—输入轴 1 主动带轮半径　r_2—输出轴 3 从动带轮（被输入轴 1 主动带轮驱动）半径
r_3—输入轴 2 主动带轮（被输入轴 2 主动带轮驱动）半径　r_4—输入轴 2 主动带轮半径

利用电机定子磁场，可以将发动机输出动力与作用在同轴电机转子上的电磁转矩有效耦合在一起，如图 3-9 所示。其中，k_1、k_2 均等于 1。

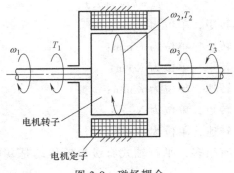

图 3-9 磁场耦合

3.3.2 转速耦合

在功率平衡要求的约束下,转速耦合装置应确保输入与输出的转矩比为定值,而输出转速等于输入转速的线性叠加。转速耦合也是一个三端口、二自由度的机械配置,其耦合原理如图 3-10 所示。

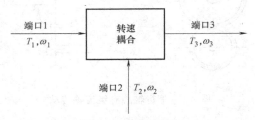

图 3-10 转速耦合

T_1—输入端口 1 转矩　ω_1—输入端口 1 转速　T_2—输入端口 2 转矩
ω_2—输入端口 2 转速　T_3—输出端口 3 转矩　ω_3—输出端口 3 转速

功率平衡 $$T_3\omega_3 = T_1\omega_1 + T_2\omega_2 \tag{3-4}$$

耦合特性 $$\omega_3 = k_1\omega_1 + k_2\omega_2 \tag{3-5}$$

常见的转速耦合装置有行星齿轮式(图 3-11)和差速器式(图 3-12)两大类。行

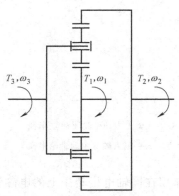

图 3-11 行星齿轮式转速耦合装置

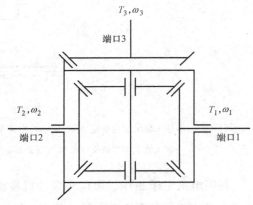

图 3-12 差速器式转速耦合装置

星齿轮式的耦合原理如图 3-13 所示，而差速器式耦合装置实际上行星齿轮式在 $k_1 = k_2 = 1$ 时的一种特殊情况。

图 3-13 所示的行星齿轮机构属于具有代表性的转速耦合机构，它由太阳轮 1、齿圈 2 和行星架 3 组成。三者之间的转速耦合关系如下。

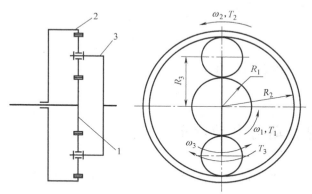

图 3-13　行星齿轮机构
1—太阳轮　2—齿圈　3—行星架

首先，设行星架被连接到静止的车梁上，即 $\omega_3 = 0$，这样从太阳轮到齿圈的传动比为

$$i_{1\text{-}2}^3 = \frac{\omega_2^3}{\omega_1^3} = -\frac{R_2}{R_1} = -\frac{Z_2}{Z_1} \tag{3-6}$$

式中，ω_1^3 和 ω_2^3 分别是太阳轮和齿圈相对于行星架（当行星架处于静止状态时）的角速度；R_1 和 R_2 分别是太阳轮和齿圈的半径；Z_1 和 Z_2 分别是太阳轮和齿圈的齿数，对应地与太阳轮和齿圈的半径成正比。此处，逆时针旋转方向被定义为正角速度的方向；反之，顺时针旋转方向被定义为负角速度的方向。

式（3-6）表明，因 ω_1^3 和 ω_2^3 具有不同的旋转方向，故传动比 $i_{1\text{-}2}^3$ 为负。当行星架脱离静止的车梁时，不受限制的太阳轮、齿圈和行星架的角速度可表达为

$$\frac{\omega_1 - \omega_3}{\omega_2 - \omega_3} = i_{1\text{-}2}^3 \tag{3-7}$$

由此得

$$\omega_1 - i_{1\text{-}2}^3 \omega_2 - (1 - i_{1\text{-}2}^3) \omega_3 = 0 \tag{3-8}$$

若定义传动比 i_g 为正值，即

$$i_g = -i_{1\text{-}2}^3 = \frac{R_2}{R_1} = \frac{Z_2}{Z_1} \tag{3-9}$$

式（3-8）便可写为

$$\omega_1 + i_g \omega_2 - (1 + i_g) \omega_3 = 0 \tag{3-10}$$

或

$$\omega_3 = \frac{1}{1 + i_g} \omega_1 + \frac{i_g}{1 + i_g} \omega_2 \tag{3-11}$$

比较式（3-11）和式（3-5）可得 $k_1 = 1/(1+i_g)$ 和 $k_2 = i_g/(1+i_g)$。

因此，当太阳轮固定时，转速耦合关系为

$$\omega_3 = \frac{i_g}{1+i_g}\omega_2$$

当齿圈固定时，转速耦合关系为

$$\omega_3 = \frac{1}{1+i_g}\omega_1$$

当行星架固定时，转速耦合关系为

$$\omega_1 = -i_g\omega_2$$

3.4 串联式混合动力电动汽车

串联式混合动力电动汽车主要包含发动机、电机（电动机/发电机）[一]、发电机和蓄电池组。由于发动机与传动系统没有机械连接关系，它只起到驱动发电机发电的作用。其中，大部分电能提供给电动机驱动汽车行驶，部分多余电能储存在蓄电池中，以便汽车大功率行驶时提供足够的驱动能量。汽车起动时，为了克服内燃机转矩不足、燃油经济性差等缺点，一般使用蓄电池单独驱动电动机工作模式。此外，在汽车制动过程中，电机工作状态转换为发电机模式，将制动机械能转换为电能储存在蓄电池中。判断蓄电池是否需要充电或供电的关键技术指标是蓄电池的荷电状态（State of Charge，SOC）是否位于合理范围内。

串联式混合动力电动汽车的动力系统构型如图 3-14 所示。

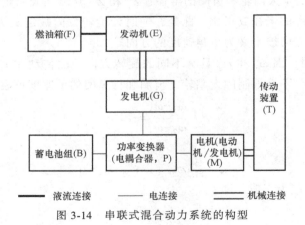

图 3-14 串联式混合动力系统的构型

与纯电动汽车相比，由于增加了发动机-发电机结构，发动机发电可以起到增程器的作用，显著增加串联式混合动力电动汽车的续驶里程。在发动机工作时，务必确保其工作在省油工况。虽然续驶里程得以增加，但由于部分电能转换自发动机燃料化学能，

[一] 此电机在制动过程中以发电机模式工作，其余工作状态为电动机模式。

转化过程中也存在能量损耗。这是需要在设计时注意的问题。此外，考虑到只是电动机起驱动作用，因此电动机设计时会遇到大功率、大质量和大体积的问题，这同样需要重视和优化。

3.4.1 典型工作模式

下面具体分析串联式混合动力电动汽车的典型工作模式。

1. 发动机单独驱动模式

发动机单独驱动时，通过发电机将其机械能转换为电能，驱动电动机带动汽车行驶。其工作模式如图 3-15 所示。

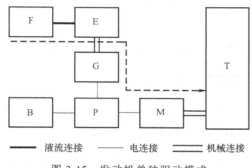

图 3-15　发动机单独驱动模式

2. 蓄电池组-电动机驱动模式

通常在汽车起动时，为了克服内燃机转矩小、燃油经济性差等问题，使用电动机单独起动。其工作模式如图 3-16 所示。

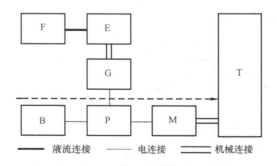

图 3-16　蓄电池组-电动机驱动模式

3. 混合驱动模式

在正常行驶或加速过程中，发动机通常以经济模式运行发电驱动汽车行驶。如果突然需要增加输出功率以便满足大功率行驶的要求，则可起动蓄电池组供电增加电动机的输出功率。其工作模式如图 3-17 所示。

4. 行车充电模式

在正常行驶过程中，发动机通常以经济模式运行发电驱动汽车行驶。如果输出功率

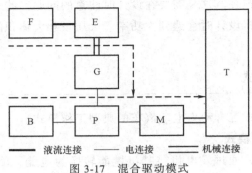

图 3-17 混合驱动模式

超过汽车行驶功率的要求,则可为蓄电池组充电以储存多余电能。其工作模式如图 3-18 所示。

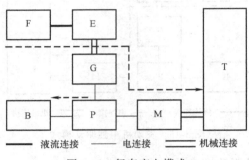

图 3-18 行车充电模式

5. 再生制动模式

汽车制动时,电机转为发电机工作模式,将制动机械能转换为电能储存在蓄电池中。其工作模式如图 3-19 所示。

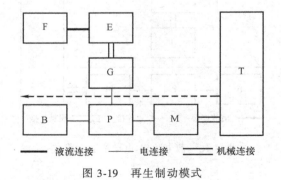

图 3-19 再生制动模式

3.4.2 实车工作模式分析

常见的串联式混合动力电动汽车有雪佛兰沃蓝达、宝马 i3 及传祺 GA5 增程版等。现在以雪佛兰沃蓝达(Volt)为例分析串联式混合动力电动汽车的实车工作模式。

该车采用的 Voltec 插电式混合动力系统包含一台小型发动机、两台电机以及一组

16kW·h/360V 的 T 形布置锂电池组，如图 3-20 所示。两台电机的最大功率分别为 111kW 和 55kW，大功率电机作为电动机驱动汽车行驶，小功率电机用作发电机。发动机的最大功率为 63kW。该车纯电最高续驶里程可至 80km。综合动力分配系统和电力控制单元能实现不同驱动模式间的平稳切换以及能量管理控制。

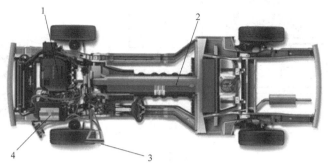

图 3-20　Volt 插电式混合动力系统结构布置
1—汽油机（仅用作发电）　2—锂电池　3—充电接口　4—电控模块

通过图 3-21 所示行星齿轮机构的作用，Voltec 系统实现了不同的驱动模式。与丰田普锐斯的 THS 系统相比，Voltec 系统增加了三个离合器装置 C_1、C_2、C_3。C_1 的主、从动装置分别与齿圈和动力分配机构壳体相连；C_2 的主、从动装置分别与发电机和齿圈相连；C_3 的主、从动装置分别与发动机和发电机相连，如图 3-22 所示。

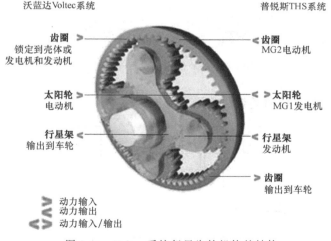

图 3-21　Voltec 系统行星齿轮机构的结构

Voltec 混合动力系统可以实现 EV 低速模式、EV 高速模式、EREV 混合低速模式、EREV 混合高速模式以及能量回收模式。

1. EV 低速模式

在 EV 低速模式下，汽车由电动机单独驱动，同时 C_1 处于接合状态，C_2 和 C_3 处于分离状态。此时将齿圈锁死，在电动机的驱动作用下，太阳轮旋转带动行星架转动，从而驱动车轮行驶，如图 3-23 所示。

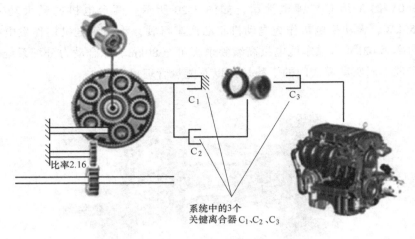

图 3-22 Voltec 系统离合器布置结构

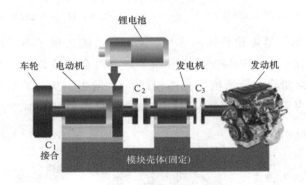

图 3-23 EV 低速模式工作原理

EV 低速模式的能量传递关系如图 3-24 所示。

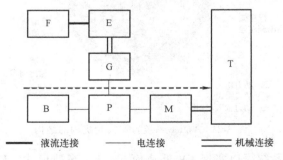

图 3-24 EV 低速模式能量传递关系

2. EV 高速模式

在 EV 高速模式下，发动机不工作，C_2 处于接合状态，C_1 和 C_3 处于分离状态。在电动机的作用下，太阳轮转动，进而带动行星架转动驱动汽车行驶。根据具体工况，发电机可通过齿圈进行助力，如图 3-25 所示。

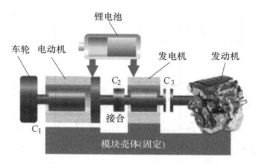

图3-25 EV高速模式工作原理

EV高速模式的能量传递关系如图3-26所示。

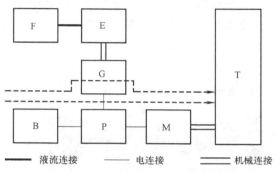

图3-26 EV高速模式能量传递关系

3. EREV低速模式

在EREV低速模式下，发动机开始工作，C_1和C_3处于接合状态，C_2处于分离状态。发动机不直接驱动汽车，而是直接驱动发电机给蓄电池充电，蓄电池再给电动机供电驱动汽车行驶。此时齿圈锁死，电动机带动太阳轮转动进而驱动汽车行驶，如图3-27所示。

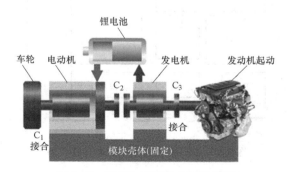

图3-27 EREV低速模式工作原理

EREV低速模式的能量传递关系如图3-28所示。

4. EREV高速模式

在EREV高速模式下，发动机工作，C_2和C_3处于接合状态，C_1处于分离状态。

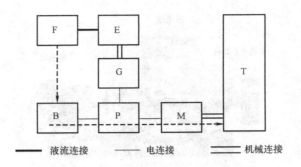

图 3-28 EREV 低速模式能量传递关系

与 EREV 低速模式相比，此模式增加了发动机驱动齿圈旋转的工况。在齿圈和太阳轮的驱动作用下，行星架转动驱动汽车行驶，如图 3-29 所示。

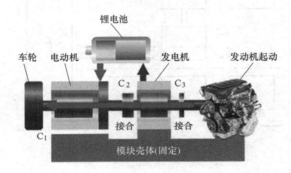

图 3-29 EREV 高速模式工作原理

EREV 高速模式的能量传递关系如图 3-30 所示。

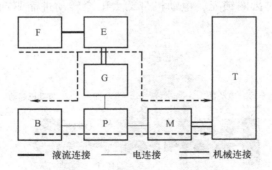

图 3-30 EREV 高速模式能量传递关系

5. 能量回收模式

在能量回收模式下，发动机不工作，C_1 处于接合状态，C_2 和 C_3 处于分离状态。此时将齿圈锁死，在制动力矩作用下，车轮反向拖动行星架减速，进而拖动太阳轮减速运转，从而利用大功率电机为蓄电池充电，如图 3-31 所示。

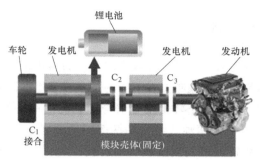

图 3-31　能量回收模式工作原理

能量回收模式的能量传递关系如图 3-32 所示。

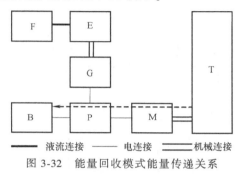

图 3-32　能量回收模式能量传递关系

3.5　并联式混合动力电动汽车

并联式混合动力电动汽车主要由发动机、电机（电动机/发电机）和蓄电池组等基本部件组成。发动机和电动机输出动力以并联方式耦合输出到车轮上。耦合方式有转矩耦合、转速耦合、功率耦合等。蓄电池中的大部分电能通过电动机转化为驱动汽车行驶的机械能。当有多余电能时，可以储存在蓄电池中以满足大功率行驶能量需求。和其他类型混合动力电动汽车一样，起动时使用蓄电池给电动机供电带动汽车行驶，以克服内燃机起动功率低油耗大等缺点。而制动过程中电机吸收制动系统的机械能并以发电机模式工作，从而将由机械能转化而成的电能储存在蓄电池中。要判断蓄电池是否需要供电或充电，关键的技术指标是蓄电池的 SOC。

并联式混合动力电动汽车的动力系统构型如图 3-33 所示。

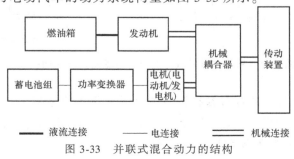

图 3-33　并联式混合动力的结构

3.5.1 耦合装置结构布置

转矩耦合并联式混合动力驱动系统可以采取不同的结构设计方法,一般可分为两轴式和单轴式设计。传动装置也可以布置在不同的位置,采用不同的排档数设计。

一种布置方式是传动装置位于转矩耦合器与驱动轮之间,如图3-34所示。具体实施案例见图3-35。图3-35所示两轴式结构的两个传动装置分别位于发动机及电机与转矩耦合装置之间。传动装置可单档或多档,均可确保发动机和电机运行于最佳工作区域,从而使其性能与整体效率超过其他同类型设计。但是,这也带来了驱动装置结构复杂化和控制难度增加等问题。

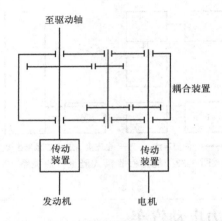

图3-34 传动装置前置的齿轮耦合驱动系统

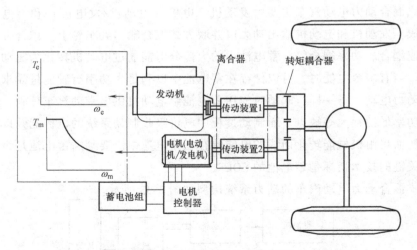

图3-35 转矩耦合并联式混合动力驱动系统(两轴式)

另一种方法是将传动装置布置在转矩耦合器与驱动轮之间,如图3-36所示。具体实施案例见图3-37。该传动装置可以以相同比例提高发动机和电机的转矩,选择最佳传动比 k_1 和 k_2 可以使电机和发动机同时达到最大转速。

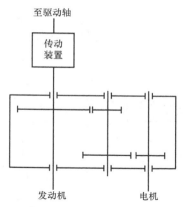

图 3-36 传动装置后置的齿轮耦合驱动系统

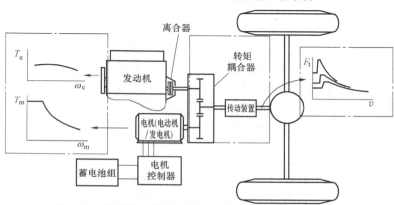

图 3-37 转矩耦合并联式混合动力驱动系统（单轴式）

如果采用电磁耦合方式进行转矩耦合，则可在发动机和电机之间或者电机之后布置传动装置，分别如图 3-38 和图 3-39 所示。具体实施案例分别见图 3-40 和图 3-41。

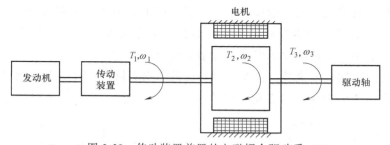

图 3-38 传动装置前置的电磁耦合驱动系

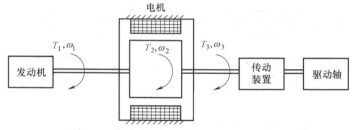

图 3-39 传动装置后置的电磁耦合驱动系统

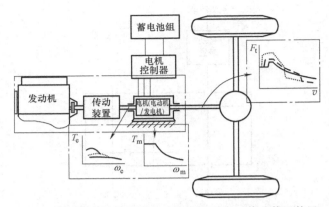

图 3-40 转矩耦合并联式混合动力驱动系统（传动装置前置）

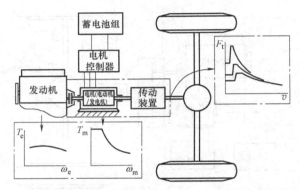

图 3-41 转矩耦合并联式混合动力驱动系统（传动装置后置）

在图 3-40 所示的传动装置前置结构中，利用传动装置可对发动机电机的转矩进行调节，且两者转速范围相同。这一结构设计用于使用小型电动机的轻度混合动力结构。电机可用于起动发动机，也可用作发电机、发动机的动力辅助电机和再生制动装置等。而在图 3-41 所示的传动装置后置结构中，电机直接完成末级驱动，发动机转矩仅由传动装置调节，适用于大范围恒功率区的大型电机驱动系统。

除了上述转矩耦合模式外，还有一种特殊的牵引力耦合模式，即发动机和电动机分别单独驱动汽车的前轮（或者后轮）以及后轮（或者前轮），如图 3-42 所示。

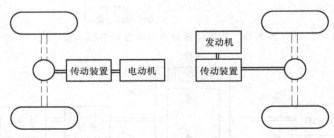

图 3-42 牵引力耦合模式

图 3-43 所示为行星齿轮机构转速耦合的混合动力驱动系统。发动机通过离合器和

传动装置给太阳轮提供动力,而传动装置对发动机的转速-转矩特性进行调整,以便匹配不同的牵引需求。传动装置档位可以设为单档或者多档。电动机为齿圈提供动力,两个锁定器将太阳轮与齿圈锁定在车架上,以满足不同运行模式的要求。

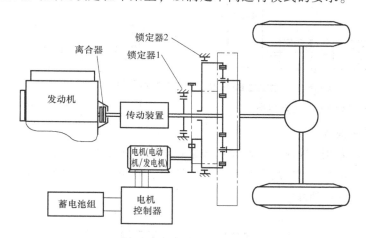

图 3-43　行星齿轮机构转速耦合

该驱动系统可实现以下运行模式:

(1) **混合牵引**　此时两个锁定器松开,以确保太阳轮和齿圈可以自由旋转。发动机与电动机给驱动轮提供正向转速及转矩。

(2) **单发动机牵引**　锁定器2将齿圈固定在车架上,松开锁定器1,此时汽车由发动机单独驱动。

(3) **单电动机牵引**　锁定器1将太阳轮固定在车架上,此时关闭发动机,离合器分离,同时松开锁定器2,利用电动机给驱动轮提供动力。

(4) **再生制动**　两个锁定器的工作状态同单电机牵引模式,此时发动机保持关闭,离合器分离,电动机以再生运行模式工作。

(5) **发动机给蓄电池充电**　此时锁定器1、锁定器2、发动机及离合器的工作状态同混合牵引模式,但是电动机处于反向运转状态。因此,以正向转矩和负向转速运转的电动机起发电机的作用,接收发动机传递的能量给蓄电池充电。

3.5.2　典型工作模式

下面具体分析并联式混合动力电动汽车的典型工作模式。

1. 发动机单独驱动模式

汽车正常行驶时通常采用发动机单独驱动模式,如图3-44所示。此时发动机工作在经济区间。

2. 蓄电池组-电动机驱动模式

通常在汽车起动时,为了克服内燃机转矩小、燃油经济性差等问题,使用电动机单独起动,如图3-45所示。

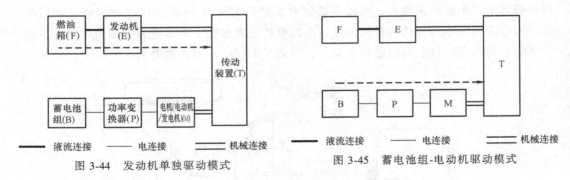

图 3-44　发动机单独驱动模式　　　图 3-45　蓄电池组-电动机驱动模式

3. 混合驱动模式

在正常行驶或加速过程中，发动机通常以经济模式运行发电驱动汽车行驶。如果突然需要增加输出功率以便满足大功率行驶的要求，则可起动蓄电池组供电增加电动机的输出功率，如图 3-46 所示。

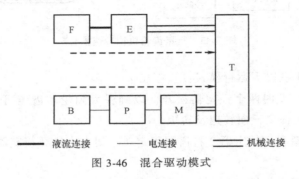

图 3-46　混合驱动模式

4. 行车充电模式

在正常行驶过程中，发动机通常以经济模式运行发电驱动汽车行驶。如果输出功率超过汽车行驶功率的要求，则可为蓄电池组充电以储存多余电能，如图 3-47 所示。

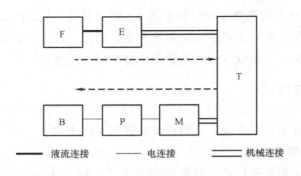

图 3-47　行车充电模式

5. 再生制动模式

汽车制动时，电机转为发电机的工作模式，将制动机械能转换为电能储存在蓄电池组中，如图 3-48 所示。

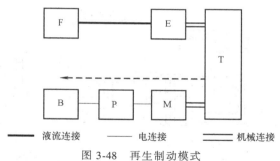

图 3-48 再生制动模式

3.5.3 实车工作模式分析

常见的并联式混合动力电动汽车有日产风雅、本田 CR-Z 及别克君越 eAssist 等。现在以日产风雅为例分析并联式混合动力电动汽车的实车工作模式。

日产风雅混合动力系统的结构如图 3-49 所示。它利用驱动电机的转子与发动机输出轴同轴的方式实现转矩耦合。自动变速器根据路况调整输出转矩和转速。锂离子蓄电池的电流由逆变器进行控制,以保证对驱动电机的转矩和转速实现精准调控。此外,通过控制两个离合器的接合与分离,可以实现单电机驱动、发动机驱动以及发动机-电机联合驱动等多种驱动模式。

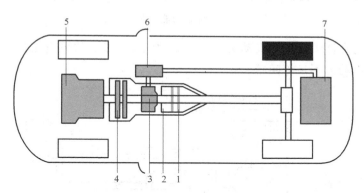

图 3-49 日产风雅混合动力系统的结构

1—离合器 2　2—电子控制式 7 档自动变速器　3—驱动电机　4—离合器 1
5—发动机　6—逆变器　7—锂离子蓄电池

1. 系统启动

如图 3-50 所示,此时离合器 2 接合,离合器 1 分离,汽车处于停车状态。为有效起动发动机,蓄电池给驱动电机供电,驱动电机起到起动电机的作用,使发动机开始运转进入怠速状态,从而为汽车行驶做好准备工作。

该模式的能量传递关系如图 3-51 所示。

2. 一般行驶

如图 3-52 所示,此时离合器 1 分离,离合器 2 接合,汽车在驱动电机的单独作用

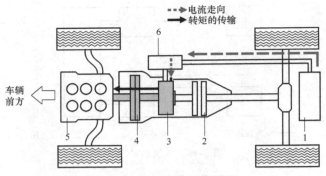

图 3-50 系统启动工作原理

1—锂离子蓄电池 2—离合器2 3—驱动电机 4—离合器1 5—发动机 6—逆变器

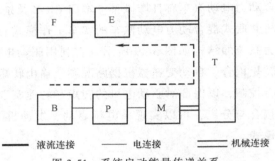

—— 液流连接　—— 电连接　══ 机械连接

图 3-51 系统启动能量传递关系

下行驶。由于离合器1分离，发动机不参与驱动汽车行驶，故可避免此时发动机燃油经济性不佳、输出动力不足等问题。

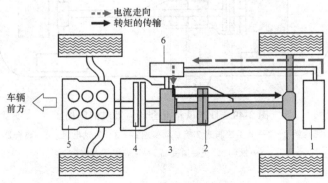

图 3-52 一般行驶工作原理

1—锂离子蓄电池 2—离合器2 3—驱动电机 4—离合器1 5—发动机 6—逆变器

一般行驶模式的能量传递关系如图 3-53 所示。

3. 行驶时蓄电池电量不足

如图 3-54 所示，此时两个离合器同时接合，理论上发动机和驱动电机可以同时驱动汽车大功率行驶。但由于此时蓄电池电量较低，只有发动机参与驱动，而输出的多余能量通过逆变器给蓄电池充电。此时，发动机特性依然处在经济区间。

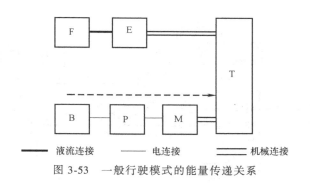

图 3-53 一般行驶模式的能量传递关系

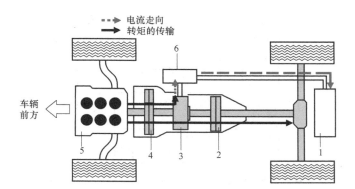

图 3-54 行驶充电工作原理

1—锂离子蓄电池 2—离合器2 3—驱动电机 4—离合器1 5—发动机 6—逆变器

行驶充电模式的能量传递关系如图 3-55 所示。

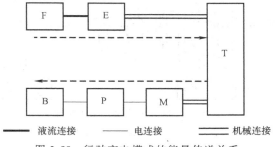

图 3-55 行驶充电模式的能量传递关系

4．大功率全负荷行驶

如图 3-56 所示，此时两个离合器同时接合，蓄电池电量充足，发动机和驱动电机可以同时驱动汽车大功率行驶。此时，发动机特性依然处在经济区间。

大功率全负荷行驶模式的能量传递关系如图 3-57 所示。

5．制动能量回收

如图 3-58 所示，此时离合器2接合，离合器1分离。制动回收的机械能通过发电机转变为电能储存在蓄电池中。

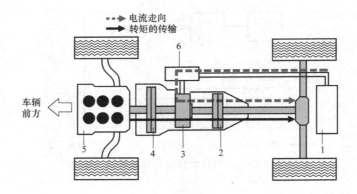

图 3-56 大功率全负荷行驶模式工作原理

1—锂离子蓄电池 2—离合器 2 3—驱动电机 4—离合器 1 5—发动机 6—逆变器

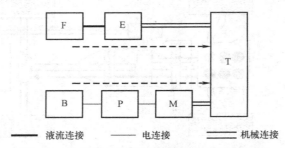

━━ 液流连接 ── 电连接 ══ 机械连接

图 3-57 大功率全负荷行驶模式的能量传递关系

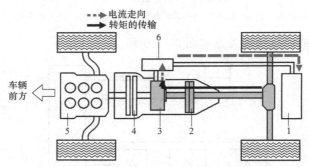

图 3-58 制动能量回收工作原理

1—锂离子蓄电池 2—离合器 2 3—驱动电机 4—离合器 1 5—发动机 6—逆变器

制动能量回收模式的能量传递关系如图 3-59 所示。

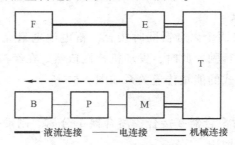

━━ 液流连接 ── 电连接 ══ 机械连接

图 3-59 制动能量回收模式的能量传递关系

3.6 混联式混合动力电动汽车

混联式混合动力电动汽车兼具串联式和并联式混合动力电动汽车的特点,即它可以采用串联式 HEV 的工作方式,也可以采用并联式 HEV 的工作方式。从结构上讲,混联式 HEV 相当于在串联式 HEV 结构的基础上增加了发动机与主减速器之间的机械耦合部件,从而使得发动机可以直接驱动车轮。同时,混联式 HEV 相当于在并联式 HEV 结构的基础上增加了连接发动机与电动机的发电机系统。

混联式动力总成的结构如图 3-60 所示。其代表车型为丰田普锐斯,如图 3-61 所示。

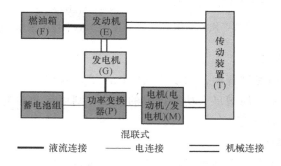

图 3-60　混联式动力总成的结构

图 3-61　丰田普锐斯

混联式结构由于可以具有串联和并联两种工作模式,能够根据车况优化燃油经济性和驾驶性。

3.6.1　典型工作模式

下面具体分析混联式混合动力电动汽车的典型工作模式。

1. 发动机单独驱动模式

汽车正常行驶时通常采用发动机单独驱动模式,如图 3-62 所示。此时发动机工作在经济区间。

2. 蓄电池组-电动机驱动模式

通常在汽车起动时，为了克服内燃机转矩小、燃油经济性差等问题，使用电动机单独起动，如图3-63所示。

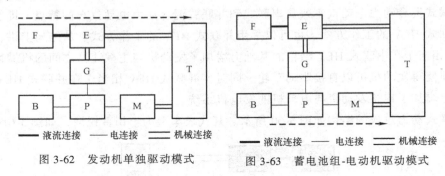

图3-62 发动机单独驱动模式　　　图3-63 蓄电池组-电动机驱动模式

3. 混合驱动模式

在正常行驶或加速过程中，发动机通常以经济模式运行发电驱动汽车行驶。如果突然需要增加输出功率以便满足大功率行驶的要求，则可起动蓄电池组供电增加电动机的输出功率，如图3-64所示。

4. 行车充电模式

在正常行驶过程中，发动机通常以经济模式运行发电驱动汽车行驶。如果输出功率超过汽车行驶功率的要求，则可为蓄电池组充电以储存多余电能，如图3-65所示。

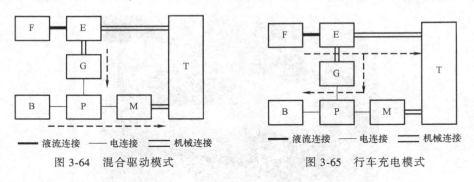

图3-64 混合驱动模式　　　图3-65 行车充电模式

5. 再生制动模式

汽车制动时，原工作为电动机模式的电机将转为发电机工作模式，将制动机械能转换为电能储存在蓄电池中，如图3-66所示。

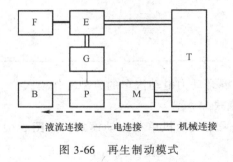

图3-66 再生制动模式

3.6.2 实车工作模式分析

下面以丰田普锐斯为例详细介绍其工作模式。

丰田普锐斯的混合动力驱动系统由动力分配装置、发动机、发电机、电动机和减速齿轮等装置组成,如图 3-67 所示。其中,动力分配装置的核心是转速耦合行星齿轮机构。行星齿轮机构在动力总成中的安装位置如图 3-68 所示。

行星齿轮机构与发动机、电机 MG1 和 MG2 的连接关系如图 3-69 所示。其太阳轮与 MG1 电机相连,齿圈与 MG2 电机相连,行星架与发动机相连。

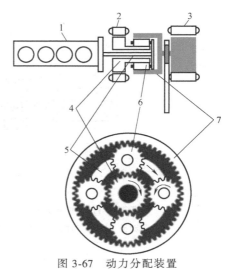

图 3-67 动力分配装置
1—发动机 2—发电机 3—电动机
4—太阳轮(发电机) 5—行星齿轮架(发动机)
6—行星齿轮 7—齿圈(电动机/动力轴)

图 3-68 行星齿轮机构安装位置
1—动力分流装置 2—变速驱动阻尼器

利用图 3-71 中的模拟杠杆可以表示图 3-70 所示行星轮系的角速度关系,进而对不同模式下发动机与电动机和发电机的转速、转矩变化关系有更加直观的认识。

1. 起动模式

当车辆起动时,蓄电池供电给 MG1,MG1 作为电动机驱动太阳轮进而驱动行星架旋转,在行星架的带动作用下,发动机起动。该模式下的驱动关系如图 3-72 所示。

起动模式的角速度模拟杠杆如图 3-73 所示。此时 MG2 不工作,齿圈锁死,太阳轮转速高于行星架转速,且太阳轮处于主动驱动,行星架为从动驱动。

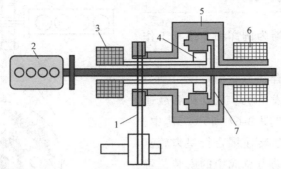

图 3-69 行星齿轮机构与发动机、电机 MG1 和 MG2 的连接关系
1—驱动链 2—发动机 3—MG1 4—太阳轮 5—齿圈 6—MG2 7—行星架

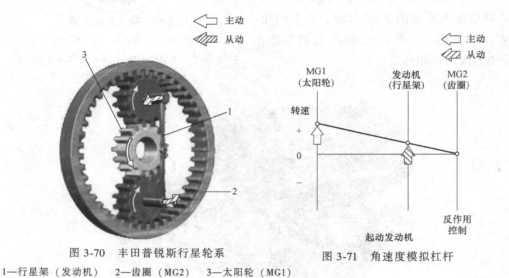

图 3-70 丰田普锐斯行星轮系
1—行星架（发动机） 2—齿圈（MG2） 3—太阳轮（MG1）

图 3-71 角速度模拟杠杆

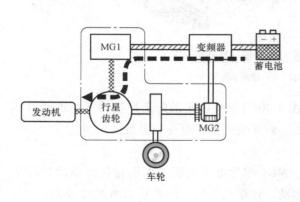

图 3-72 起动模式的驱动关系
1—行星架（发动机） 2—齿圈（MG2） 3—太阳轮（MG1）

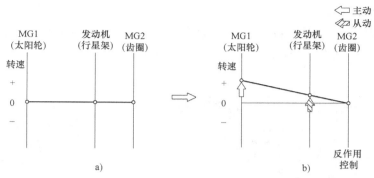

图 3-73　起动模式的角速度模拟杠杆

a）发动机停止　b）起动发动机

2. 发动机起动后给蓄电池充电

当车辆起动后需要充电时，发动机驱动 MG1，MG1 作为发电机给蓄电池充电。该模式下的驱动关系如图 3-74 所示。

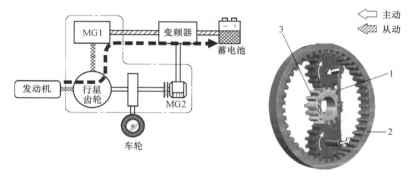

图 3-74　发动机起动后给蓄电池充电模式的驱动关系

1—行星架（发动机）　2—齿圈（MG2）　3—太阳轮（MG1）

发动机起动后给蓄电池充电模式的角速度模拟杠杆如图 3-75 所示。此时 MG2 不工作，齿圈锁死，太阳轮转速高于行星架转速。由于是给蓄电池充电，行星架主动驱动太阳轮，并且太阳轮转速会逐渐减小。

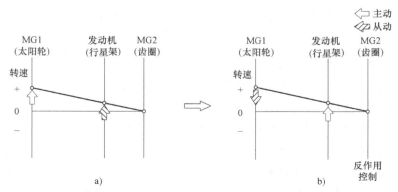

图 3-75　发动机起动后给蓄电池充电模式的角速度模拟杠杆

a）起动发动机　b）发电

3. 单电机驱动起步

当单电机驱动起步时，蓄电池给 MG2 供电，MG2 通过齿圈驱动主减速器和差速器，进而驱动汽车行驶。该模式下的驱动关系如图 3-76 所示。

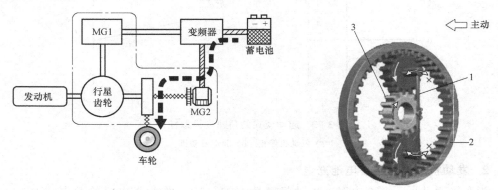

图 3-76　单电机驱动起步模式的驱动关系
1—行星架（发动机）　2—齿圈（MG2）　3—太阳轮（MG1）

单电机驱动起步模式的角速度模拟杠杆如图 3-77 所示。此时 MG1 不工作，行星架锁死，太阳轮转速与行星架转速方向相反。由于是行星架锁死，齿圈在驱动汽车行驶的同时也使太阳轮驱动 MG1 的转子旋转。

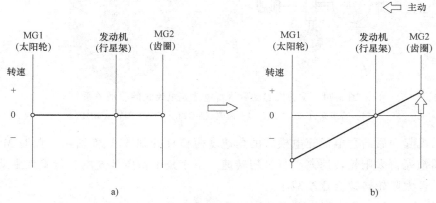

图 3-77　单电机驱动起步模式的角速度模拟杠杆
a）车辆停止　b）车辆起步

4. 单电机驱动起步后起动发动机

当单电机驱动起步后，如需进行急加速或爬陡坡等操作，需要同时起动发动机。此时蓄电池一方面给 MG2 供电，使 MG2 通过齿圈驱动汽车行驶；另一方面则供电给 MG1，MG1 作为电动机驱动太阳轮进而驱动行星架旋转，在行星架的带动下，发动机起动。该模式下的驱动关系如图 3-78 所示。

单电机驱动起步后起动发动机模式的角速度模拟杠杆如图 3-79 所示。此时太阳轮、行星架和齿圈同时工作，且转速方向相同。太阳轮转速、行星架转速和齿圈转速成比例逐渐增加，且太阳轮、齿圈均为主动驱动件，而行星架为从动驱动件。

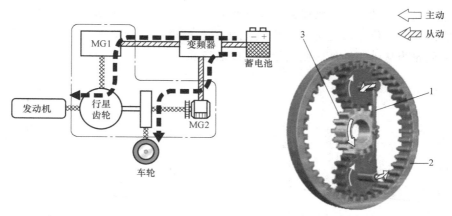

图 3-78 单电机驱动起步后起动发动机模式的驱动关系
1—行星架（发动机） 2—齿圈（MG2） 3—太阳轮（MG1）

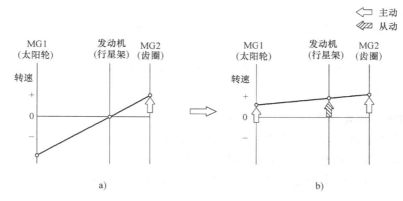

图 3-79 单电机驱动起步后起动发动机模式的角速度模拟杠杆
a）车辆起步 b）起动发动机

5. 发动机发电驱动汽车行驶

发动机发电驱动汽车行驶时，发动机驱动 MG1，MG1 作为发电机给蓄电池充电。蓄电池再给 MG2 供电，MG2 通过齿圈驱动主减速器和差速器，进而驱动汽车行驶。该模式下的驱动关系如图 3-80 所示。

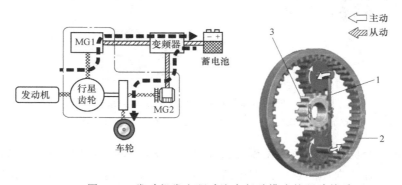

图 3-80 发动机发电驱动汽车行驶模式的驱动关系
1—行星架（发动机） 2—齿圈（MG2） 3—太阳轮（MG1）

发动机发电驱动汽车行驶模式的角速度模拟杠杆如图3-81所示。此时太阳轮、行星架和齿圈同时工作，转速方向相同且成比例逐渐增加。行星架、齿圈均为主动驱动件，而太阳轮为从动驱动件。太阳轮转速逐渐降低。

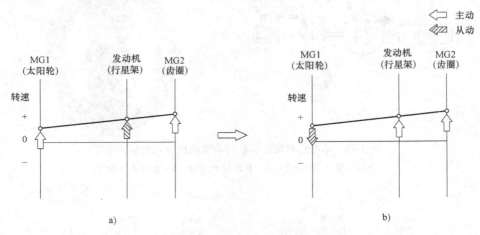

图 3-81 发动机发电驱动汽车行驶模式的角速度模拟杠杆
a) 起动发动机　b) 发电

6. 发动机微加速行驶

发动机微加速行驶时，发动机驱动 MG1，MG1 作为发电机给 MG2 供电，MG2 通过齿圈驱动主减速器和差速器，进而驱动汽车行驶。同时，发动机直接通过行星架驱动齿圈，进而直接给汽车提供行驶驱动力。该模式下的驱动关系如图3-82所示。

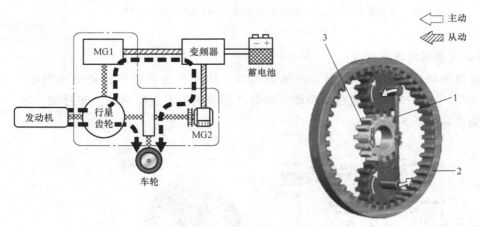

图 3-82 发动机微加速行驶模式的驱动关系
1—行星架（发动机）　2—齿圈（MG2）　3—太阳轮（MG1）

发动机微加速行驶模式的角速度模拟杠杆如图3-83所示。此时太阳轮、行星架和齿圈同时工作，转速方向相同且成比例逐渐减小。行星架、齿圈均为主动驱动件，而太阳轮为从动驱动件。太阳轮转速逐渐降低。

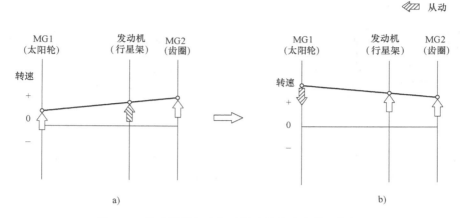

图 3-83 发动机微加速行驶模式的角速度模拟杠杆
a) MG2 驱动时发动机起动 b) 发动机正常驱动

7. 低载荷巡航行驶

低载荷巡航行驶时，发动机驱动 MG1，MG1 作为发电机给 MG2 供电，MG2 通过齿圈驱动主减速器和差速器，进而驱动汽车行驶。同时，发动机直接通过行星架驱动齿圈，进而直接给汽车提供行驶驱动力。该模式下的驱动关系如图 3-84 所示。

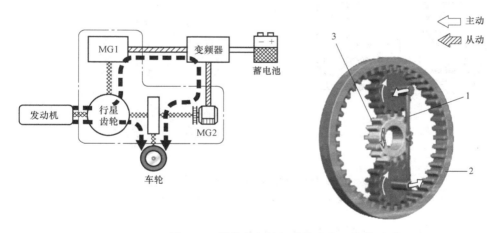

图 3-84 低载荷巡航行驶模式的驱动关系
1—行星架（发动机） 2—齿圈（MG2） 3—太阳轮（MG1）

低载荷巡航行驶模式的角速度模拟杠杆如图 3-85 所示。此时太阳轮、行星架和齿圈同时工作，转速方向相同且成比例逐渐增加。行星架、齿圈均为主动驱动件，而太阳轮为从动驱动件。太阳轮转速逐渐降低。

8. 节气门全开加速行驶

节气门全开加速行驶时，在模式 6 和 7 的基础上，蓄电池给 MG2 供电，助力驱动

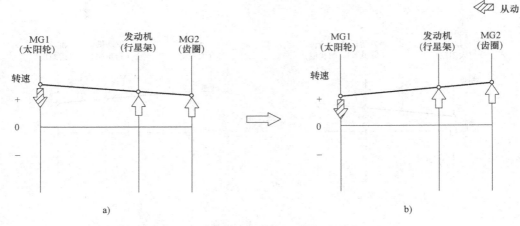

图 3-85 低载荷巡航行驶模式的角速度模拟杠杆
a) 发动机正常驱动　b) 低载荷巡航

汽车加速行驶。该模式下的驱动关系如图 3-86 所示。

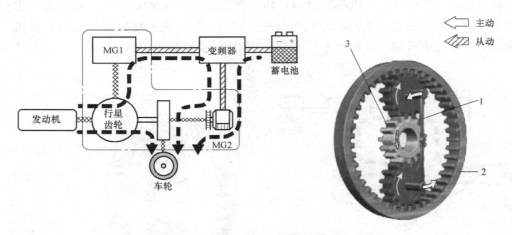

图 3-86 节气门全开加速行驶模式的驱动关系
1—行星架（发动机）　2—齿圈（MG2）　3—太阳轮（MG1）

节气门全开加速行驶模式的角速度模拟杠杆如图 3-87 所示。此时太阳轮、行星架和齿圈同时工作，转速方向相同且成比例逐渐增加，且均高于发动机微加速行驶时的转速。行星架、齿圈均为主动驱动件，而太阳轮为从动驱动件。太阳轮转速逐渐降低。

9. 减速或制动模式

减速或制动模式时，MG2 作为发电机，用于将减速或制动时的机械能转换为电能储存在蓄电池中，以提高能量利用效率。该模式下的驱动关系如图 3-88 所示。

减速或制动模式的角速度模拟杠杆如图 3-89 所示。此时 MG1 不工作，行星架锁

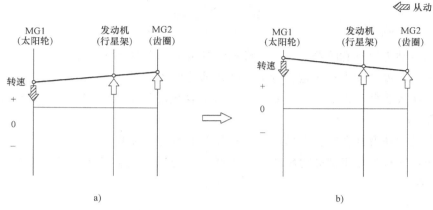

图 3-87 节气门全开加速行驶模式的角速度模拟杠杆
a）低载荷巡航 b）节气门全开加速

死。太阳轮转速与行星架转速方向相反。由于是行星架锁死，齿圈在被车轮驱动使MG2 发电的同时使太阳轮驱动 MG1 的转子旋转。

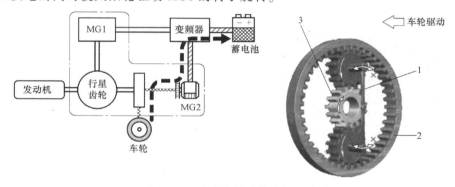

图 3-88 减速或制动模式的驱动关系
1—行星架（发动机）　2—齿圈（MG2）　3—太阳轮（MG1）

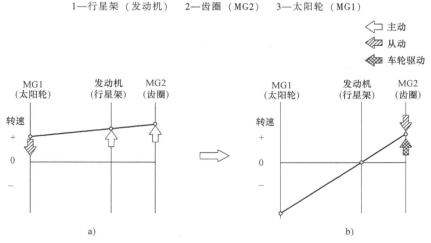

图 3-89 减速或制动模式的角速度模拟杠杆
a）低载荷巡航 b）减速行驶

思 考 题

1. 混合动力汽车有哪些典型工作模式？其基本工作原理是什么？
2. 如何对混合动力汽车进行分类？其依据是什么？
3. 为什么混合动力电动汽车要使用阿特金森循环发动机？它和奥托循环发动机相比有何优点？
4. 常见的动力耦合装置有哪些类型？各有哪些典型的零部件？
5. 分别针对实际车型简述串联式、并联式和混联式混合动力电动汽车的工作原理和驱动关系。

第4章

燃料电池电动汽车

燃料电池电动汽车（Fuel Cell Electric Vehicle，FCEV）是电动汽车的主要种类之一。燃料电池电动汽车利用氢气和空气中的氧在燃料电池中催化剂的作用下经电化学反应产生的电能作为主要动力源。

4.1 概述

从外形看，燃料电池电动汽车与传统汽车并没有什么太大区别，主要是动力源及其驱动系统不同。

4.1.1 燃料电池电动汽车的特点

1. 低噪声

燃料电池电动汽车的燃料电池属于能量转换装置，除了空气压缩机和冷却系统之外几乎无其他运动部件，因此，运行过程中的噪声和振动都较小。

2. 续驶里程长

采用燃料电池作为能量源，克服了纯电动汽车续驶里程短的缺点，其长途行驶能力及动力性已经接近传统汽车。

3. 绿色环保

燃料电池没有燃烧过程，以纯氢作燃料，生成物只有水，属于零排放。采用其他富氢有机化合物用车载重整器制氢作为燃料电池的燃料，生成物除水之外还可能有少量的CO_2，接近零排放。

4. 效率高

燃料电池的工作过程是化学能转换为电能的过程，不受卡诺循环的限制，能量转换效率较高。

但是燃料电池电动汽车也有缺点，如制造成本和使用成本过高，起动时间长以及质量和体积较大等。

4.1.2 燃料电池电动汽车基本构成

在车身、动力传动系统、控制系统等方面，燃料电池电动汽车与普通电动汽车基本相同，主要区别在于动力系统。一般来说，燃料电池是通过电化学反应将化学能转换为电能，电化学反应所需的还原剂一般为氢气，氧化剂则为氧气。

如图 4-1 所示，燃料电池电动汽车的主要结构有驱动电机、燃料电池升压器、燃料电池、高压储氢罐和蓄电池组等。

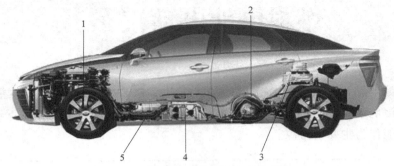

图 4-1　燃料电池电动汽车基本结构

1—驱动电机　2—高压储氢罐　3—蓄电池组　4—氢燃料电池堆栈　5—燃料电池升压器

燃料电池电动汽车的工作原理：高压储氢罐中的氢气和空气中的氧气在汽车搭载的燃料电池中发生氧化还原反应，产生电能，驱动电机工作，驱动电机产生的机械能经传动机构传给驱动轮，驱动汽车行驶。

4.1.3　燃料电池电动汽车的分类

1. 按燃料特点分类

燃料电池电动汽车按燃料特点可分为直接燃料电池电动汽车和重整燃料电池电动汽车两大类。

直接燃料电池电动汽车的燃料主要是氢气；重整燃料电池电动汽车的燃料主要有汽油、天然气、甲醇、甲烷及液化石油气等。氢燃料电池电动汽车排放无污染，被认为是最理想的一种汽车，但存在氢的制取和存储困难；重整燃料电池电动汽车的结构比氢燃料电池电动汽车要复杂一些。

2. 按氢燃料的存储方式分类

燃料电池电动汽车按氢燃料的存储方式可分为压缩氢燃料电池电动汽车、液氢燃料电池电动汽车和（碳纳米管）吸附氢燃料电池电动汽车。

3. 按动力系统驱动形式分类

燃料电池电动汽车按动力系统驱动形式可分为纯燃料电池（PFC）驱动、燃料电池与辅助蓄电池（FC+B）联合驱动、燃料电池与超级电容器（FC+C）联合驱动以及燃料电池与辅助蓄电池和超级电容器（FC+B+C）联合驱动。

(1) 纯燃料电池（PFC）动力系统　纯燃料电池动力系统仅由燃料电池作为整车系统的动力源，不再外加辅助电源供电。其结构如图 4-2 所示。

1）优点：① 系统结构简单，没有增设辅助电源，可以降低成本，节省车内空间，同时减轻了整车的重量；② 只有一种电源供电，不存在功率分配及电池保护等问题，大

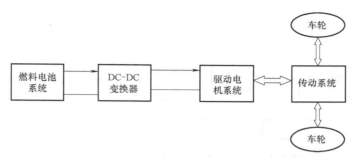

图 4-2　纯燃料电池动力系统结构

大降低了控制系统的复杂程度。

2）缺点：①燃料电池的动态响应慢，因此只有燃料电池作为单一电源会大大降低整车的性能，如在车辆起步、加速、爬坡时可能会导致整车瞬时动力不足的问题；②燃料电池作为单方向供电电源，不能够对再生制动产生的能量进行回收，致使能量的浪费，不利于整车的经济性；③燃料电池冷起动能力差，因此低温起动时可能会导致汽车起动困难。

（2）燃料电池+辅助蓄电池（FC+B）混合动力系统　燃料电池+辅助蓄电池混合动力系统以燃料电池作为主供电电源，蓄电池作为辅助供电电源。其结构如图 4-3 所示。

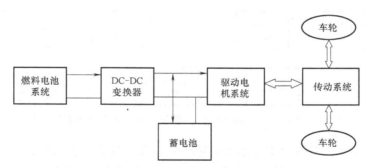

图 4-3　燃料电池+辅助蓄电池混合动力系统结构

1）优点：①辅助电源蓄电池的加入成功地弥补了燃料电池动态响应慢的缺点，蓄电池在起步、加速、爬坡时所提供的瞬时功率可以大大提高整车性能；②蓄电池可以在汽车制动时回收再生制动产生的能量；③蓄电池的加入，有助于合理设计整车的能量管理系统，使燃料电池与蓄电池灵活配合，提高了燃料电池的工作效率；④蓄电池的比能量大，技术也相对成熟。

2）缺点：①蓄电池的加入提高了整车的重量，占据了车辆一定的空间；②由于存在两种动力电源，增加了控制的难度；③蓄电池需要进行保养维护，增加了成本。

（3）燃料电池+超级电容器（FC+C）混合动力系统　燃料电池+超级电容器混合动力系统与燃料电池+辅助蓄电池混合动力系统的结构类似，只是把蓄电池更换为了超级电容器。其结构如图 4-4 所示。

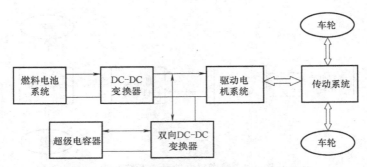

图 4-4 燃料电池+超级电容器混合动力系统结构

1）优点：①与蓄电池相比具有更高的比功率，因此在瞬时功率的提供方面具有更好的性能；②能够更好地适应大电流充放电现象，循环使用寿命长。

2）缺点：①比能量低，放电时间较短；②充放电电压波动较大，不利于控制。

（4）燃料电池+辅助蓄电池+超级电容器（FC+B+C）混合动力系统　燃料电池+辅助蓄电池+超级电容器混合动力系统是将三者有机地结合起来，互为补充，从而在特定状态投入特定的动力电源以最大限度地发挥各自的优点。其结构如图 4-5 所示。

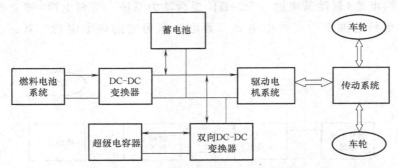

图 4-5 燃料电池+辅助蓄电池+超级电容器混合动力系统结构

1）优点：①充分发挥了蓄电池比能量高的特点，延长了放电时间，同时又可以充分利用超级电容器比功率大的特点，从而更好地改善了车辆在起步、加速、爬坡时的性能；②超级电容器可以辅助分担再生制动能量，从而有效避免蓄电池的大电流充放电，更好地保护蓄电池。

2）缺点：①两种辅助电源的投入将会增加整车的质量；②整车存在三种动力电源，大大提高了整车控制系统的复杂程度，在参数匹配、功率控制等方面技术还不是很成熟。

4.2 燃料电池

燃料电池（Fuel Cell，FC）是一种化学电池，它直接把物质发生化学反应时释放出的能量转换为电能，工作时需要持续地向其供给燃料和氧化剂。由于它是把燃料通过化学反应释放出的能量变为电能输出，称为燃料电池。

4.2.1 燃料电池性能指标

燃料电池的性能指标主要有额定电压、额定电流、额定功率、电流密度、功率密度、寿命、效率和成本等。

1. 额定电压

额定电压是指在特定工况条件下，在额定功率时的端电压。

2. 额定电流

额定电流是指在特定工况条件下，在额定功率时的电流。

3. 额定功率

额定功率是制造商规定的燃料电池在特定工况条件下能够持续工作的功率。

4. 电流密度

单体燃料电池的关键指标是电流密度，即单位电极面积上的电流强度。

5. 功率密度

燃料电池具有一定的功率、质量和体积，关键指标是功率密度和比功率。功率密度是指电池单位活性面积的功率；体积比功率是指电池单位体积的功率；质量比功率是指电池单位质量的功率。

6. 寿命

燃料电池的寿命通常是指电源工作的累积时间。当燃料电池不能输出额定功率时，它的寿命即告终结。例如，一个额定功率为 1kW 的燃料电池电源，出厂时的输出功率一般比额定电压高 20%，即 1.2kW。当该电源的输出功率小于 1kW 时，它就失效了。

7. 效率

同其他发电装置一样，效率是燃料电池的重要指标，效率与能源利用率密切相关。

8. 成本

燃料电池的成本是制约其应用的重要指标之一。

4.2.2 燃料电池的特点

1）效率高。燃料电池直接等温地将化学能转换为电能，没有燃烧过程，不受卡诺循环的限制，转换次数少，效率高。

2）噪声低。理论上可以实现"零噪声"，但由于泵类及冷却风机的存在，并不能实现零噪声运转，仍然有一些噪声存在，但比较小。

3）占地面积小，制造时间短。

4）污染小。燃料电池以氢气为主要燃料，它清洁、无污染，而且不会产生二氧化碳（主要的温室效应气体）。

5）所用燃料广泛。含有氢原子的物质，如天然气、石油、煤炭等汽化产物，或是沼气、酒精、甲醇等，都可以作为燃料使用，因此燃料来源较为广泛。

6）用途广。燃料电池与传统电池相比，都是将活性物质的化学能转换为电能。但是，燃料电池本身是一个能量转换装置，而传统电池则是一个能量储存装置。

4.2.3 燃料电池的分类

目前市面上的燃料电池有多种，比较普遍的分类方法是根据电解质的种类划分。具体可分为质子交换膜燃料电池（Proton Exchange Membrane Fuel Cell，PEMFC）、熔融碳酸盐燃料电池（Molten Carbonate Fuel Cell，MCFC）、固体氧化物燃料电池（Solid Oxide Fuel Cell，SOFC）和磷酸燃料电池（Phosphoric Acid Fuel Cell，PAFC）等。

1. 质子交换膜燃料电池

质子交换膜燃料电池（PEMFC）主要由质子交换膜、阴极、阳极、阴极流场板、阳极流场板以及阴极和阳极催化剂层组成，如图4-6所示。PEMFC主要通过氢气与氧气发生化学反应来产生电能。和普通的氧化还原反应一样，阴极和阳极提供电子转移的场所，电子通过外电路流动做功形成回路。其反应的具体过程如下：氢气从氢气进口进入装置后在阳极失电子变成氢离子，氢离子穿过质子交换膜在阴极同氧气以及经过外电路来到阴极的电子一起发生反应生成水。反应的进行伴随着电流的生成，反应产物只有水。

阳极反应式：

$$2H_2 - 4e^- = 4H^+ \tag{4-1}$$

阴极反应式：

$$O_2 + 4e^- + 4H^+ = 2H_2O \tag{4-2}$$

PEMFC的总反应式：

$$O_2 + 2H_2 \longrightarrow 2H_2O \tag{4-3}$$

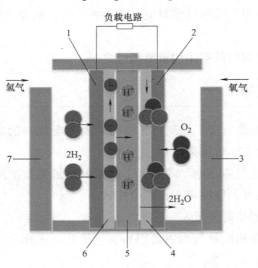

图4-6 PEMFC的结构及工作原理

1—阳极 2—阴极 3—阳极流场板 4—阴极催化层
5—质子交换膜 6—阳极催化层 7—阴极流场板

PEMFC 具有以下优点：

（1）**能量转化效率高**　通过氢氧化合作用，直接将化学能转换为电能，不通过热机过程，不受卡诺循环的限制。

（2）**可实现零排放**　唯一的排放物是水，没有污染物排放，属于环保型能源。

（3）**运行噪声低，可靠性高**　PEMFC 无机械运动部件，工作时仅有气体和水的流动。

（4）**维护方便**　PEMFC 内部构造简单，使得电池组的组装和维护都非常方便，也很容易实现"免维护"设计。

（5）**发电效率平稳**　发电效率受负荷变化影响很小，非常适用于分散型发电装置（作为主机组），也适用于电网的"调峰"发电机组（作为辅机组）。

（6）**氢来源广泛**　氢气来源非常广泛，它是一种可再生能源。既可通过石油、天然气、甲醇及甲烷等进行重整制氢，也可通过电解水制氢、光解水制氢及生物制氢等方法获取氢气。

但是 PEMFC 也有以下缺点：

（1）**成本高**　尽管膜材料和催化剂十分昂贵，但是成本仍在不断降低，一旦能大规模生产，较好的经济效益就会充分显示出来。

（2）**对氢的纯度要求高**　PEMFC 需要纯净的氢，因为它们极易受到 CO 和其他杂质的污染。

2. 熔融碳酸盐燃料电池

熔融碳酸盐燃料电池（MCFC）是由多孔陶瓷阴极、多孔陶瓷电解质隔膜、多孔金属阳极和金属极板构成的燃料电池。MCFC 的结构如图 4-7 所示。

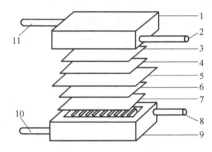

图 4-7　MCFC 的结构

1—阴极极板　2—阴极进气口　3、7—穿孔集流板
4—阴极　5—隔膜　6—阳极　8—阳极进气口
9—阳极极板　10—阳极出气口　11—阴极出气口

MCFC 的工作原理如图 4-8 所示。氧化剂中的 O_2 和 CO_2 在阴极与电子进行氧化反应生成 CO_3^{2-}，电解质板中的 CO_3^{2-} 直接从阴极移动到阳极，燃料气体中的 H_2 与 CO_3^{2-} 在阳极发生反应，生成 CO_2、H_2O 和电子。电子被集流板收集起来，然后到达隔板。隔板位于燃料电池单元的上部和下部，并与负载设备相连，从而构成了包括电子传输和离子移动在内的完整的回路。

阳极反应式：$\qquad CO_3^{2-}+H_2 \longrightarrow H_2O+CO_2+2e^-$ \hfill (4-4)

阴极反应式：$\qquad 2CO_2+O_2+4e^- \longrightarrow 2CO_3^{2-}$ \hfill (4-5)

MCFC 的总反应式：$\qquad O_2+2H_2 \longrightarrow 2H_2O$ \hfill (4-6)

MCFC 是一种高温电池（600~700℃），具有效率高（高于 40%）、噪声低、无污染、燃料多样化（氢气、煤气、天然气和生物燃料等）、余热利用价值高和电池构造材料价廉等诸多优点，具有很强的发展潜力。

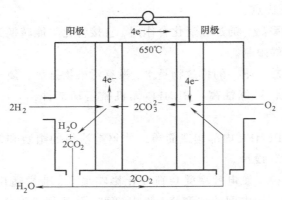

图 4-8 MCFC 的工作原理

3. 固体氧化物燃料电池

固体氧化物燃料电池（SOFC）属于第三代燃料电池，是一种在中高温下直接将储存在燃料和氧化剂中的化学能高效、环保地转换成电能的全固态化学发电装置，被普遍认为是在未来会与 PEMFC 一样得到普及应用的一种燃料电池。

SOFC 的每根管子都是一个电池单体，从里到外分别由空气电极、电解质、燃料电极以及双极板连接材料等组成，如图 4-9 所示。

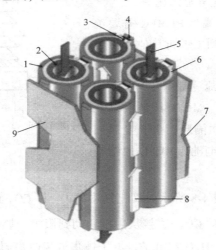

图 4-9 SOFC 的结构

1、8—燃料电极　2—空气电极　3—双极连接材料　4—镍板
5—空气　6—电解质　7—阴极集电器　9—阳极集电器

在 SOFC 中，当氧离子从阴极移动到阳极氧化燃料气体时产生能量。阳极生成的电子通过外部电路返回阴极，减少进入的氧，从而完成循环。其工作原理如图 4-10 所示。

阴极反应式：$\qquad O_2 + 4e^- \longrightarrow 2O^{2-}$ \hfill (4-7)

阳极反应式：$\qquad 2O^{2-} + 2H_2 \longrightarrow H_2O + 4e^-$ \hfill (4-8)

SOFC 的总反应式：$\qquad O_2 + 2H_2 \longrightarrow 2H_2O$ \hfill (4-9)

SOFC 除具备燃料电池高效、清洁、环境友好的共性外，还具有以下优点：

1) SOFC 采用全固态的电池结构，不存在电解质渗漏问题，避免了使用液态电解质所带来的腐蚀和电解液流失等问题，无须配置电解质管理系统，可实现长寿命运行。

2) 对燃料的适应性强，可直接用天然气、煤气及其他碳氢化合物作为燃料。

3) SOFC 直接将化学能转换为电能，不通过热机过程，因此不受卡诺循环的限制，并且发电效率高，能量密度大，能量转换效率高。

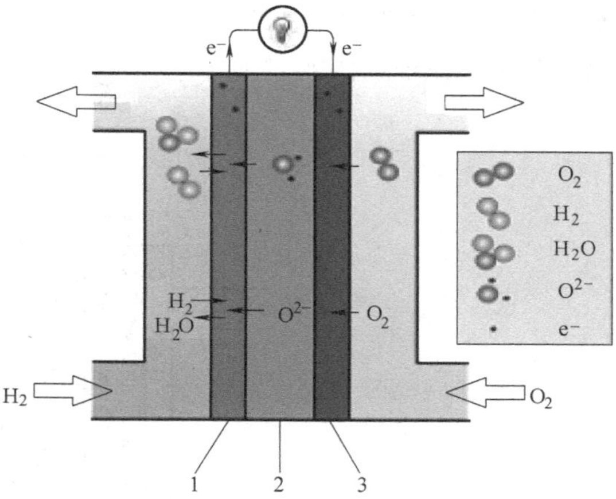

4) 工作温度高，电极反应速度快，不需要使用贵金属作为电催化剂。

图 4-10 SOFC 的工作原理
1—阳极　2—电解质　3—阴极

5) 可使用高温进行内部燃料重整，使系统优化。

6) 低排放、低噪声。

7) 废热的再利用价值高。

8) 陶瓷电解质要求中、高温运行（600～1000℃），加快了电池反应的进行，还可以实现多种碳氢燃料气体的内部还原，简化了设备。

但是，SOFC 也存在以下不足之处：

1) 氧化物电解质材料为陶瓷材料，质脆易裂，电堆组装较困难。

2) 高温热应力作用会引起电池龟裂，因此主要部件的热膨胀率应严格匹配。

3) 工作温度高，预热时间较长，不适用于需经常起动的非固定场所。

4. 磷酸燃料电池

磷酸燃料电池（PAFC）是以酸为导电电解质的酸性燃料电池。PAEC 被认为是继火电、水电、核电之后的第 4 种发电方式，也是目前燃料电池中唯一商业化运行的电池。

PAFC 的电池片由基材及肋条板触媒层所组成的燃料电极、保持磷酸的电解质层以及与燃料电极具有相同构造的空气电极构成。在燃料电极，燃料中的氢原子释放电子成为氢离子。氢离子通过电解质层，在空气电极与氧离子发生反应生成水。将数个单电池片进行叠加，每隔几个电池片叠加为降低发电时内部热量的冷却板，从而构成输出功率稳定的基本电池堆。再加上用于上下固定的构件、供气用的集合管等构成 PAFC 的电池堆。其结构示意图如图 4-11 所示。

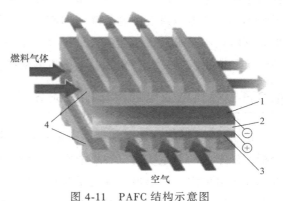

图 4-11 PAFC 结构示意图
1—燃料电极　2—电解质层　3—空气电极　4—双极板

PAFC 使用液体磷酸为电解质，通

常位于碳化硅基质中。当以氢气为燃料,氧气为氧化剂时,在电池内部发生电化学反应。其工作原理如图 4-12 所示。

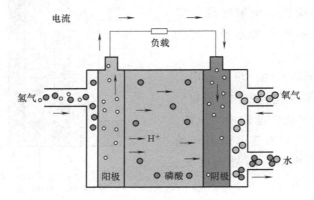

图 4-12　PAFC 的工作原理

阳极反应式：　　　　　　　$H_2 + 2e^- \longrightarrow 2H^+$　　　　　　　　　　　　(4-10)

阴极反应式：　　　　　　　$O_2 + 4H^+ \longrightarrow 2H_2O + 4e^-$　　　　　　　　(4-11)

PAFC 的总反应式：　　　　$O_2 + 2H_2 \longrightarrow 2H_2O$　　　　　　　　　　　(4-12)

PAFC 的工作温度要比 PEMFC 的工作温度略高,一般为 150～200℃,但仍需电极上的催化剂来加速反应。PAFC 的效率比其他燃料电池低,约为 40%,其加热的时间也比 PEMFC 要长。PAFC 具有构造简单、稳定和电解质挥发度低等特点。

4.3　燃料电池电动汽车能量控制分析

　　燃料电池电动汽车动力系统的能量控制策略随着动力系统的结构形式不同而有所不同,但总的能量控制策略有三大基本控制目标,即汽车动力性、汽车经济性和汽车续驶里程。

　　燃料电池与辅助蓄电池联合驱动的汽车在行驶过程中,动力系统控制器需要时刻根据汽车的功率需求以及电池管理系统所提供的动力蓄电池 SOC,来决定能量在燃料电池系统和动力蓄电池系统中的分配。即需要根据加速踏板、制动踏板以及档位等信息计算出需求转矩和需求功率,然后再进行最优化的能量分配,将燃料电池系统和动力蓄电池的输出经电机控制器,转化为驱动电机的功率输出,从而驱动车辆行驶。

4.3.1　燃料电池电动汽车能量流分析

　　这里以燃料电池+锂电池组联合驱动汽车为例,对燃料电池电动汽车的能量流进行分析。该车的动力系统有三种供能模式：燃料电池单独供电、锂电池组单独供电、燃料电池和锂电池组并联供电。在能量管理系统的控制下,三种供能模式可以进行切换。为了保证锂电池组的耐久性和可靠性,当 SOC 值低于 30% 时,禁止放电；当 SOC 值高于 80% 时,禁止充电,锂电池的 SOC 值影响供能模式的切换。另外,在整车运行过程中,如果锂电池组的 SOC 值偏低，燃料电池可以在线给它充电。

电动汽车不同的运行状态对应着不同的需求功率，需求功率大时，燃料电池和锂电池组都是主能量流；需求功率较小时，燃料电池为主能源，锂电池组为辅助能源；需求功率为负时，锂电池组吸收回馈的能量。根据电动汽车的起动、加速、巡航、滑行、制动等不同的运行状态，分析动力系统的能量流向，如图 4-13 所示。图中的字母 FC 代表燃料电池，BA 代表锂电池组，DC 代表 DC-DC 变换器，M 代表电机控制器，粗实线代表直流母线，带箭头的直线代表能量流动路径及方向。

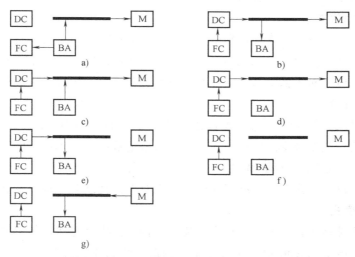

图 4-13　燃料电池+锂电池组联合驱动的汽车动力系统能量流向图

电动汽车起动时，燃料电池发动机未起动，无法输出功率，需要由锂电池组提供燃料电池辅助发电装置的起动能量，起动燃料电池发动机发电，此时的能量流向如图 4-13a 所示。待燃料电池发动机起动成功后，可以给直流母线供能。此时，若锂电池组的 SOC 值低于 30%，燃料电池在驱动电机运行的同时，需要给锂电池组进行充电，此时的能量流向如图 4-13b 所示；若锂电池组的 SOC 值不低于 30%，燃料电池与锂电池组同时驱动电机运行，此时的能量流向如图 4-13c 所示。电动汽车处于加速或爬坡状态时，需求功率增大，燃料电池和锂电池组都输出大电流，都是主能量流，此时能量流向也如图 4-13c 所示。

电动汽车处于巡航状态时，驱动电机的需求功率小而稳定，全部由燃料电池提供，若此时锂电池组的 SOC 小于 80%，则燃料电池给锂电池组充电，锂电池组的功率补偿为负，能量流向如图 4-13b 所示。否则，锂电池组的功率补偿为零，能量流向如图 4-13d 所示。

电动汽车处于滑行状态时，驱动电机的需求功率为零。若此时锂电池组的 SOC 小于 80%，则锂电池组可以储存燃料电池输出的多余功率，能量流向如图 4-13e 所示。否则，锂电池组就拒绝被燃料电池充电，能量流向如图 4-13f 所示。

电动汽车处于制动状态时，驱动电机向直流母线回馈制动能量，燃料电池无输出功率。此时，若锂电池组的 SOC 小于 80%，可以回收制动能量，能量流向如图 4-13g 所示。否则，制动回馈能量无法被吸收，能量管理系统需要对行车曲线进行调整，此时的能量流向如图 4-13f 所示。

4.3.2 燃料电池电动汽车工作模式分析

目前燃料电池电动汽车多采用燃料电池+辅助蓄电池联合驱动的模式。对于汽车起步、加速、匀速、滑行、减速、制动等不同的行驶工况，燃料电池的工作模式也不同，大体可分为燃料电池模式、混合动力模式、蓄电池模式及能量回馈模式等。

1. 燃料电池模式

当燃料电池电动汽车工作在燃料电池模式时，电机的电力全由燃料电池提供。当蓄电池在非充足电状态（SOC<1），且燃料电池的电能供给电机后尚有富余时，燃料电池还可向蓄电池充电。对于低负荷、匀速及滑行等行驶工况，通常采用燃料电池模式。

2. 混合动力模式

混合动力模式是指燃料电池和蓄电池共同提供电机所需的电能，在车辆加速行驶、高速行驶、上坡、超车或重载的情况下，当燃料电池输出的功率已不能满足驱动车辆所需的功率时，由蓄电池提供瞬时能量来补充汽车额外的动力需要，或由蓄电池持续协助燃料电池供电，以满足汽车在持续高速或重载下对电源持续功率输出的需求。

3. 蓄电池模式

蓄电池模式是指燃料电池停止输出电能，车辆单独由蓄电池提供电能，当燃料电池还未起动，而蓄电池的 SOC 值大于最小临界值时，由蓄电池提供汽车起步时所需的电能。此外，当燃料耗尽或燃料电池电堆发生故障时，若蓄电池的 SOC 值大于最小临界值，则可由蓄电池短时间内独立供电。汽车工作在蓄电池模式时，对蓄电池容量和输出功率的要求相对较高。

4. 能量回馈模式

能量回馈模式是指电机工作在发电机状态，将车辆的动能转换为电能，并向蓄电池充电的工作方式。在汽车下坡、遇红灯减速及非紧急制动等情况下，当蓄电池处于非充足电状态（SOC 值在最大临界值以下）时，控制器就将电机切换为发电机工作方式，将车辆的动能转换为电能，通过向蓄电池充电来实现能量回馈。

4.3.3 燃料电池电动汽车能量控制策略

燃料电池电动汽车的能量控制策略主要有 On/Off 控制策略、功率跟随控制策略和瞬时优化最佳能耗控制策略等。

1. On/Off 控制策略

On/Off 控制策略的核心是汽车在行驶过程中，燃料电池系统始终工作在高效区，从而保证汽车有较大的续驶里程。为了满足这一既定目标，需要对蓄电池的 SOC 值进行设定，假定燃料电池电动汽车在行驶过程中，其蓄电池荷电状态的最大值为 SOC_{max}，最小值为 SOC_{min}，蓄电池的 SOC 值在最大值与最小值之间时，其等效内阻相对较小，因此在这一区间内工作时,动力蓄电池的效率较高。

On/Off 控制策略的执行情况如下:

1) 当 $SOC \leqslant SOC_{min}$ 时,动力蓄电池处于低荷电状态,燃料电池系统需要开启并持续工作在高效区,为驱动电机提供主动力源;当驱动电机的需求功率 P_m 小于燃料电池系统的输出功率 P_{ro} 时,电力控制系统需要将燃料电池系统多余的功率提供给动力蓄电池充电,直至动力蓄电池的 $SOC>SOC_{max}$ 或者 $P_{ro}<P_m$。

2) 当 $SOC_{min}<SOC \leqslant SOC_{max}$ 时,动力蓄电池荷电状态适宜,此时动力蓄电池能够提供的最大功率为 P_{xm},当 $P_{xm}>P_m$ 时,动力蓄电池作为主动力源,燃料电池系统处于关闭状态;当 $P_{xm}<P_m$ 时,动力蓄电池的最大功率已不能满足汽车行驶的需求,需要启动燃料电池系统,以弥补驱动功率的不足。

3) 当 $SOC>SOC_{max}$ 时,动力蓄电池处于高荷电状态。在动力蓄电池能够满足驱动电机需求功率的前提下,需要关闭燃料电池系统,让动力蓄电池单独提供驱动电机需求的功率,直至动力蓄电池的 $SOC<SOC_{min}$ 或者 $P_{xm}<P_m$。

2. 功率跟随控制策略

功率跟随控制策略以动力蓄电池的 SOC 为核心,即保持动力蓄电池始终工作在最佳的 SOC 范围内,燃料电池系统除了供给驱动电机部分功率外,还需要额外承担一部分动力蓄电池的消耗。燃料电池系统的开启与关闭不是简单地以蓄电池的 SOC 上、下限值为参考,而是由驱动电机功率需求以及蓄电池的 SOC 共同控制的。因此,功率跟随控制策略可以在一定程度上解决 On/Off 控制策略不能满足燃料电池电动汽车行驶的动力性要求,同时可以改善燃料电池系统和蓄电池系统,使主动力源与辅助动力源尽可能起到最优控制。

功率跟随控制策略的执行情况如下:

1) 当汽车停止时,燃料电池系统和蓄电池均不向驱动电机输出功率。

2) 当汽车起动时,燃料电池系统关闭,蓄电池单独工作,向驱动电机输出起动功率 P_m,蓄电池的输出功率 $P_{xm}=P_m$,当燃料电池系统经预热达到起动温度以后,再根据需求决定燃料电池系统是否启动,即当驱动电机的功率需求 $P_{req}<P_{xm}$ 时,蓄电池仍旧单独输出功率,直至 $P_{req} \geqslant P_{xm}$ 为止。

3) 当汽车处于怠速状态时,系统需求功率 $P_{req}=0$,燃料电池系统和蓄电池均不向电机输出功率,但此时燃料电池系统需要根据蓄电池的 SOC 来判断是否向蓄电池充电,通常设定蓄电池的目标 SOC 为 $SOC_{aim}=(SOC_{min}+SOC_{max})/2$,控制系统根据当前蓄电池的 SOC 与 SOC_{aim} 之间的关系决定燃料电池系统的输出功率。当 $SOC<SOC_{aim}$ 时,燃料电池系统向蓄电池充电;反之则不向蓄电池输出功率。

4) 当汽车正常行驶时,需要根据当前驱动电机的需求功率与燃料电池系统所能提供的功率 P_{ro} 进行判断。

① 当 $P_{req}>P_{ro-max}$ 时,如汽车处于加速或者上坡时,燃料电池系统输出的最大功率小于驱动电机所需求的功率,此时蓄电池也需要开启向驱动电机输出功率,燃料电池系统输出额定功率,蓄电池的输出功率 P_{xm} 为电机需求功率与燃料电池额定功率之差。

② 当 $P_{ro\text{-}min} < P_{req} \leq P_{ro\text{-}max}$ 时，燃料电池系统输出功率除了满足驱动电机的功率需求外，还需要根据蓄电池的 SOC 来界定是否向蓄电池输出功率。

当蓄电池的 $SOC \geq SOC_{max}$ 时，燃料电池系统无需向蓄电池充电，此时需求功率可由燃料电池系统和蓄电池同时提供；当蓄电池的 $SOC < SOC_{aim}$ 时，燃料电池系统同时为驱动电机和蓄电池输出功率。当驱动电机的需求功率和蓄电池的充电功率之和小于燃料电池系统的最小输出功率时，为避免燃料电池系统工作在低效率区，燃料电池以 $P_{ro\text{-}min}$ 工作。

③ 当 $P_{req} \leq P_{ro\text{-}min}$ 时，电机的需求功率较小，若蓄电池的 $SOC < SOC_{aim}$，则燃料电池工作在高效区，同时为驱动电机和蓄电池输出功率，直至 $SOC \geq SOC_{max}$ 为止；若蓄电池的 SOC 已处于 SOC_{max} 状态，且能满足驱动电机的功率需求，蓄电池单独为系统提供功率输出，直至 $SOC < SOC_{min}$，同时，为了避免燃料电池系统频繁起停影响其寿命，需要根据当前蓄电池的 SOC 来做适当的规定。

5）汽车处于制动状态时，有 $P_m < 0$，燃料电池系统与蓄电池均不向驱动电机输出功率，可根据当前状态下的动力蓄电池 SOC 来决定是否对制动能量进行回收，同时燃料电池系统也需要根据当前状态下的动力蓄电池 SOC 来决定是否向其充电。

功率跟随控制策略不是单纯地以动力蓄电池的 SOC 来决定电池系统的开启与关闭，而是将燃料电池系统的合适工作区间与蓄电池的 SOC 目标值相结合，以驱动电机的功率需求为依据，综合考虑来实现系统的功率分配。在这一过程中，功率跟随控制策略可以避免燃料电池系统频繁起停和蓄电池频繁深度充放电的影响，从而在一定程度上延长燃料电池电动汽车的使用寿命，实现系统能量分配的优化。

3. 瞬时优化最佳能耗控制策略

瞬时优化最佳能耗控制策略的核心是建立动力系统燃料消耗等价函数，根据等价函数来确定一个周期内驱动电机的需求功率如何在燃料电池系统和蓄电池系统之间分配，从而使得动力系统瞬时燃料消耗量最小。

瞬时优化最佳能耗控制策略以功率跟随控制策略为基础，重点在每个控制周期内对系统的能量分配进行瞬时优化，即决定驱动电机的功率需求如何在燃料电池系统和动力蓄电池之间分配，尽可能地提高汽车的经济性。

当燃料电池电动汽车工作时，控制系统需要根据当前时刻动力蓄电池的 SOC 来确定下一时刻燃料电池系统是否向蓄电池充电。等价氢气消耗函数建立的理论基础是：在 t 时刻，动力蓄电池处于放电状态，燃料电池系统和动力蓄电池同时向驱动电机输出功率，为了保证动力蓄电池的 SOC 处于 SOC_{min} 附近，需要在未来向蓄电池充电；与之相反，在 t 时刻，当动力蓄电池处于充电状态时，燃料电池系统向蓄电池和驱动电机同时输出功率，动力蓄电池需要在未来时刻放电从而使 SOC 回到 SOC_{min} 附近。

瞬时优化最佳能耗控制策略是在保证整车动力性能的前提下，结合燃料消耗等价函数，在每个周期内决定驱动电机的需求功率如何在燃料电池系统和蓄电池中分配，从而实现经济性能的改善。其具体控制策略规则如下：

（1）**停车及急速阶段** 根据蓄电池的 SOC 来判断燃料电池系统是否需要向蓄电池充电。

（2）**起动阶段** 蓄电池向燃料电池系统输出功率，直至达到燃料电池暖机起动温度，再根据驱动电机需求功率决定燃料电池系统是否输出功率。

（3）**正常行驶阶段** 此阶段可分为四种情况：蓄电池输出功率，燃料电池以小功率输出；燃料电池系统和蓄电池联合驱动，功率分配比根据瞬时优化函数决定；燃料电池系统输出功率满足驱动电机功率需求，同时给蓄电池充电；燃料电池系统单独工作，蓄电池的 SOC 处于较为稳定状态，燃料电池系统处于最佳工况点。

（4）**制动阶段** 蓄电池和燃料电池系统均不向驱动电机输出功率，此时可根据当前蓄电池的 SOC 状态将驱动电机的制动能量进行回收。

思 考 题

1. 简述燃料电池电动汽车的优点。
2. 简述燃料电池电动汽车的基本构成。
3. 简述燃料电池电动汽车的分类。
4. 燃料电池的性能指标有哪些？
5. 简述燃料电池的分类。
6. 简述燃料电池电动汽车的能量控制策略。

第5章

电动汽车充电技术

5.1 概述

电动汽车产业能否得到快速发展，充电技术是关键因素之一。

5.1.1 电动汽车的充电装置

电动汽车的充电装置相当于汽车的燃料加注站，通过对电动汽车的反复充电来提供其持续运行的能源。电动汽车的充电装置有不同的分类方法：根据充电装置安装位置的不同，可以分为车载充电装置和非车载充电装置；根据电动汽车蓄电池充电时能量转换方式的不同，可以分为接触式充电装置和感应式充电装置。

1. 车载充电装置

车载充电装置是指安装在电动汽车上，采用地面交流电网或车载电源对电池进行充电的装置，如图 5-1 所示。它包括车载充电机、车载充电发电机组和运行能量回收装置等。它将一根带插头的交流动力电缆线直接插到电动汽车的插座中给电动汽车充电。车载充电装置通常是结构简单、控制方便的接触式充电机或感应充电机。这些装置的充电方式（恒定电压充电、恒定电流充电等）是预先设定好的，不能改变。车载充电装置安装在电动汽车内部，具有体积小、重量轻、冷却和封闭性能好等优点，但功率普遍较小，充电所需时间较长。

图 5-1 车载充电装置

2. 非车载充电装置

非车载充电装置（图 5-2）也称为地面充电装置，主要包括专用充电机、专用充电站、通用充电机和公共充电站等。它可以满足各种电池的各种充电方式。通常非车载充电装置不受质量和体积的限制，因此，相较于车载充电装置而言，其功率、体积和质量都比较大，充电时间短，主要适用于电动汽车的快速充电。

3. 接触式充电装置

接触式充电（又称传导式充电）装置用电缆将电动汽车与供电系统（充电桩等）连接起来，如图 5-3 所示，通过插座与插头的金属接触导电。这种充电装置的主要问题就是安全性和通用性。为满足安全充电标准，使充电设备能够在各种环境下安全充电，必须对电路采用多种安全措施。目前，我国采用的是交流和直流充电技术，恒压限流充电和分阶段恒流充电均属于接触式充电技术。

图 5-2 非车载充电装置

图 5-3 接触式充电装置

4. 感应式充电装置

感应式充电装置（图 5-4）不需要用电缆连接电动汽车与供电系统，而是通过电磁感应、磁共振、微波及无线电波等多种方式对电动汽车进行充电，电动汽车上安装有车载感应充电机。

当前，微波和无线电波的传输功率较小、发展不够成熟，尚未在电动汽车上正式应用。电动汽车的感应式充电技术主要采用电磁感应充电方式和磁共振充电方式两种。

（1）**电磁感应充电方式**　电磁感应充电方式利用高频交流磁场的变压器原理（图 5-5），当电流通过送电线圈时产生电磁信号，受电线圈感应到电磁信号后会产生电流供给用电设备。电磁感应充电方式的能量转换率高，传输功率范围较大，能从几瓦到几千瓦，但是充电时受电线圈与送电线圈必须对准，距离要控制在 0~10cm 范围内，线圈之

图 5-4 感应式充电装置

间一旦有偏差，就会降低电力传输效率。

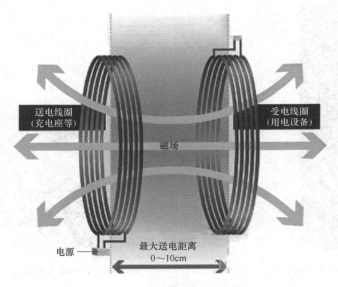

图 5-5 电磁感应充电原理

（2）**磁共振充电方式** 磁共振充电方式的原理与音叉共振原理相同，即同一磁场中振动频率相同的两个线圈，通过共振实现能量从一个线圈向另一个线圈的传输，如图5-6所示。与电磁感应充电方式不同，磁共振充电方式加装了一个高频驱动电源，采用兼备线圈和电容器的 LC 共振电路。

无论采用电磁感应方式还是磁共振方式充电，其构型基本一致，都是将充电电缆和送电线圈埋设在停车位处，当电动汽车驶入停车位时，安装在电动汽车底部的受电线圈与预埋在停车位的送电线圈相重叠，受电线圈与充电服务器建立通信，电动汽车开始充电。由于充电装置与电动汽车之间无直接接触，感应式充电较接触式充电更为安全。但是，电力传输的功率大小与线圈尺寸相关，要增大传递功率，就需要在基础设施建设和电力设备等方面增加投入。

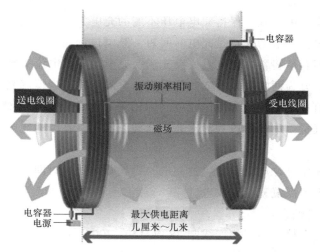

图 5-6 磁共振充电原理

5.1.2 电动汽车的充电方式

电动汽车有多种充电方式,如常规充电(慢充)、地面充电(快充)、小型充电站充电、更换蓄电池(快换)、感应式充电和移动式充电等,可根据具体情况选择一种充电方式或几种方式的组合。

1. 常规充电(慢充)

常规充电,即采用恒压、恒流等传统充电方式对电动汽车进行充电。直接从低压照明电路取电,由220V/16A规格的标准电网电源供电,只需将车载充电机的插头插到电源插座上即可进行充电,如图5-7所示。该种方式的充电功率较小,充电时间为8~10h。

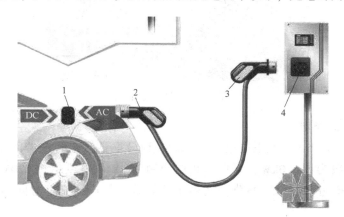

图 5-7 常规充电方式

1—车辆插座 2—车辆插头 3—供电插头 4—供电插座

恒流充电是指充电过程中保持充电电流不变的充电方法,主要有4种充电模式:涓流充电、最小电流充电、标准充电和高速率(快速)充电。其缺点是在充电过程中,需要根据逐渐升高的蓄电池电动势调节充电电压,以保持电流不变,充电时间较长。

恒压充电是指充电过程中保持充电电压不变的充电方法,充电电流随蓄电池电动势的升高而减小。恒压充电的优点是充电时间短,充电过程无须调整电压,较适合于补充充电。其缺点是不容易将蓄电池电量完全充满,充电初期大电流对蓄电池有不利影响。

阶段性充电,分为两阶段充电或三阶段充电。第一阶段为恒流充电,使蓄电池的电压快速达到一定值;第二阶段为恒压充电,即用略小于恒流的电流继续对蓄电池充电,降低蓄电池的产气量;第三阶段为浮充充电,即以涓流给蓄电池充电,确保蓄电池能够充满。

脉冲充电,先用脉冲电流给蓄电池充电,再让蓄电池短时间、大脉冲放电,在整个充电过程中使蓄电池反复充电、放电。

2. 地面充电(快充)

通过非车载充电机采用三相四线制 380V/150~400A 的大电流给蓄电池充电,使蓄电池的电量在短时间内就可以达到 80% 左右。充电机功率一般均大于 30kW,典型充电时间为 10~30min。这种充电方式多为直流供电,由于快充要求的电流和功率均较大,输出电流和电压变化范围较宽,有可能会造成蓄电池温度升高过快,导致充电不均衡,降低蓄电池的使用寿命,因此不适于对普通蓄电池充电。由于快充的功率和电流的额定值都很高,一般应建在 10kV 变电站、监测站或者服务中心附近,大型充电站(机)多采用这种充电方式,如图 5-8 所示。

图 5-8 大型充电站

3. 小型充电站充电

小型充电站(图 5-9)充电是电动汽车的一种最重要的充电方式,采用常规充电电流,充电功率一般为 5~10kW,采用三相四线制 380V 供电或单相 220V 供电。小型充电站一般设置在街边、超市、办公楼及停车场等处,其典型充电时间是:补电 1~2h,充满 5~8h。

4. 更换蓄电池(快换)

用充满电的蓄电池组更换已经耗尽的蓄电池组(图 5-10),就是快换充电,也称为机械式充电。更换蓄电池的方式有纯手动、半自动和人工更换三种。更换下来的蓄电池再进行慢充补电,充满电后可循环再利用。蓄电池的慢充耗时较长,但是可以避免电量

图 5-9　小型充电站

的衰减，有利于延长蓄电池的使用寿命。

蓄电池的更换可在 10min 之内完成，迅速便捷，但是更换成本较高。目前，蓄电池更换都是在换电站完成的，换电站需要蓄电池更换设备（如换电机器人等）和大量可用于更换的储备蓄电池，还需要准备替换蓄电池、充电设备和充电用的空间。在蓄电池更换过程中，难以保证每个蓄电池的性能都一致，因此还要求电动汽车、蓄电池的各大生产商必须统一蓄电池的物理尺寸、电气参数等行业标准，对换电站的布局以及蓄电池的流通管理也都有较高要求。

图 5-10　更换蓄电池充电方式

5. 感应式充电和移动式充电

如前所述，感应式充电利用感应式充电装置进行充电，电动汽车的受电部分与车外的供电部分需要对准，才能正确充电，如图 5-11 所示。

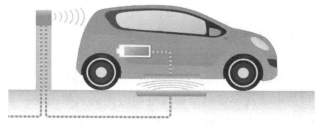

图 5-11　感应式充电方式

电动汽车还可以在巡航过程中完成充电，即移动式充电（MAC）。接触式和感应式的 MAC 系统都可实施。

对于接触式的 MAC 系统，需要在车体的底部装一个接触拱，通过与嵌在路面上的充电元件相接触，接触拱便可获得瞬时高电流。

对于感应式的 MAC 系统，车载式接触拱由感应线圈取代，嵌在路面上的充电元件由可产生强磁场的高电流绕组取代。MAC 系统埋设在一段路面之下，当电动汽车通过 MAC 区域时，来自于路面下铺装的供电系统即可对车辆进行充电，如图 5-12 所示。

图 5-12　移动式充电方式

还有一种非接触的充电方式，其原理是将电能转换成一种符合现行技术标准的特殊激光或微波束等形式的能量，激光或微波束的发射装置安装在电线杆或高层建筑上，电动汽车顶部安装有专用天线，从不同方向接收这些能量并通过整流电路转换为直流电对电动汽车快速充电，如图 5-13 所示。

图 5-13　接收微波束充电方式

5.1.3　充电技术的发展趋势

为适应电动汽车的快速发展，充电技术应具有以下发展趋势：

（1）**快速化**　目前电动汽车蓄电池的蓄电能力无法大幅提高，车辆续驶里程有限，充电速度的提高，将缓解电动汽车由于续驶里程短而使用不便的问题。

（2）**通用性** 目前市场上的电动汽车用蓄电池、充电设施等具有多样性，制定充电设施、蓄电池及充电接口的统一充电规范、接口协议，推动其系列化、标准化、通用化，能够进一步保障充电质量、充电安全，提高充电效率。

（3）**集成化** 充电系统只是一个独立的辅助系统，随着充电技术的不断成熟，充电系统将会和电动汽车能量管理系统以及其他子系统集成为一个整体，节约所占车内空间，降低成本。

（4）**智能化和网络化** 电动汽车的充电行为具有随机性和间歇性，电动车的大规模无序充电会造成电网负荷的不平衡，对电网产生不利影响。充电设施能够智能识别充电方式、电池类型及电池故障等信息，对充电设施进行统一监控，实现充电网络一体化、自动化、标准化、智能化的管理与控制，既可以有效削弱充电过程给电力系统带来的不利影响，又可以提高充电安全性和充电效率，降低使用和管理成本。

将电动汽车的充电设施作为智能电网的一部分，为充电设施安装智能电表、充电站双向通信设施，将物联网应用于电动汽车的充电中，有助于实现电动汽车的自动识别、自动报警及自动管理等功能，使充电技术更为信息化、智能化，也进一步推动新能源电动汽车的发展。

5.2 电动汽车的充电设施

电动汽车的推广和发展，离不开其充电、发电以及续航能力。充电设施是为电动汽车提供电能的相关设施的总称，是电动汽车的重要配套设施。

通俗地讲，电动汽车的充电设备就是包含充电机在内的各种充电桩，如车载充电机、非车载充电机（直流充电桩）、交流充电桩和蓄电池更换设备等。

电动汽车的充电设施则不仅包括上述充电设备，还包括供电设备及相关辅助设备等，除充电桩外，还有充电站、蓄电池更换站等，是推广应用电动汽车的基本保障，也是新型城市基础设施。

为规范电动汽车充电，国家发改委、国家能源局、工业和信息化部及住房城乡建设部四部门联合发布了《电动汽车充电基础设施发展指南》，其中明确提出到 2020 年，全国将新增集中式充换电站 1.2 万座，分散式充电桩 480 万个，以满足全国 500 万辆电动汽车的充电需求。

5.2.1 充电机

充电机是指将电网提供的交/直流电能转换为车载高电压蓄电池所需的直流电能的装置（即 AC-DC、DC-DC 整流器），可以看作是供电电源与车载高电压蓄电池之间的功率变换器。充电机性能的好坏将直接影响电动汽车的充电效果。

充电机有不同的分类方法，根据安装位置不同，可以分为车载充电机（交流充电机）和非车载充电机（地面充电机）；根据输入电源不同，可以分为单相充电机和多相充电机；根据连接方式不同，可以分为传导式充电机和感应式充电机；根据功能不同，可以分为普通充电机和多功能充电机。

1. 车载充电机

车载充电机（图 5-14）是指安装在电动汽车上的 AC-DC 整流器，利用地面交流电网和车载电源对蓄电池组进行充电。车载充电机负责与交流电网建立连接，通过插头和电缆与交流电网插座连接，因此也称为交流充电机。

图 5-14　车载充电机

车载充电机由交流输入接口、功率单元、控制单元及直流输出接口等部分组成。在充电过程中，由车载充电机为电池管理系统、充电接触器、仪表板和冷却系统等提供低压电源。由于车载充电机与电池管理系统都装在车上，彼此间更容易利用车辆内部的网络进行通信，交换充电参数，满足电动汽车充电电气安全要求。

车载充电机只要有可用的供电插座就能够进行充电，但由于受到车上安装空间、重量等因素的限制，充电功率一般较小，采用单相供电，只能提供小电流慢充电，充电时间较长。

2. 非车载充电机（直流充电机）

非车载充电机（图 5-15）主要是指安装在车体之外的 AC-DC 整流器等充电装置。它一般安装在固定地点，已将交流电转换为直流电，直流输出端与待充电汽车连接，因此也称为直流充电机。

非车载充电机一般由高频开关电源模块、监控单元、人机操作界面、电气接口、计量系统和通信接口等组成。非车载充电机不受车辆安装空间、重量的限制，可以提供大功率大电流输出，甚至可以提供上百千瓦的充电功率，可满足电动汽车大功率快速充电的需求。目前，非车载充电机使用的是传导式大功率三相充电机。

3. 其他类型充电机

传导式充电机的输出端直接连接到电动汽车上，两者之间存在实际的物理连接，电动汽车上不装备电力电子电路。感应式充电机是利用电磁感应耦合方式向电动汽车传输电能，两者之间没有实际的物理连接，充电机分为地面部分和车载部分。

图 5-15　非车载充电机

普通充电机只提供对蓄电池的充电功能。多功能充电机除了提供对蓄电池的充电功能外，还能提供诸如对蓄电池进行容量测试、对电网进行谐波抑制、无功率补偿和负载平衡等功能。

4. 充电机的要求

1）充电机和电池管理系统之间能够进行通信，接收电池数据，在充电过程中应采用适当方法保证串联电池中的单体电池电压不超过上限。

2）充电机应具有面板操作和远程操作功能，充电机与其监控系统相连，在监控计算机上能完成除闭合和切断输入电源外的所有功能。

3）充电机应能通过监控网络向监控计算机传送对应电池管理系统发送的数据。

4）充电机应具有故障报警功能，能主动向监控系统发送故障信息。

5）充电机应具有对输入欠压、输入过压、输出短路、电池反接、输出过压、过温及电池故障等现象的保护功能。

6）充电机的可靠性必须满足一定的指标，综合考虑成本和利用率，建议充电机要保证5年70000~80000h的充电小时数。整车充电时要为电池管理系统提供所需的直流电源，目前一般取24V/50A。

7）提供良好的人机界面；提供开放式充电过程参数（包括充电模式、充电参数和阶段数）设定功能，并按照参数完成对充电过程的自动控制；对比较容易排除的故障提供简单的处理方法。

5.2.2 充电桩

一般情况下，充电桩由桩体、电气模块和计量模块等部分组成。桩体包括外壳和人机交互界面；电气模块包括接触器、控制引导电路、充电插座、电缆转接端子排和安全防护装置等；计量模块提供对输出电能的计量功能。

根据安装条件分类，分为落地式充电桩和壁挂式充电桩。落地式充电桩适合安装在不靠近墙体的停车位；壁挂式充电桩适合安装在靠近墙体的停车位。

根据安装地点分类，分为室内充电桩和室外充电桩。室内充电桩的防护等级不低于IP32；室外充电桩需要更好的绝缘性和避雷条件，其防护等级不低于IP54。

根据服务对象分类，分为公共充电桩、专用充电桩和自用充电桩。公共充电桩由政府机关等具有公共服务性质的机构置办，服务对象面向任何电动汽车车主，如公共停车场。而专用充电桩多为企业建造，服务对象为客户和内部人员，如商场停车场。自用充电桩为私人充电桩，安装于私人领域，不对外开放。

根据充电接口数量分类，分为一桩一充式充电桩和一桩多充式充电桩。目前市场上的充电桩以一桩一充式为主，在公共停车场等大型停车场中，需要一桩多充式充电桩，同步支持多辆电动车充电，充电快、效高率。

根据充电类型分类，可分为交流充电桩和直流充电桩（图5-16）。下面主要介绍这两种充电桩。

1. 交流充电桩

交流充电桩是一种安装在电动汽车以外，与交流电网（电源）连接，为电动汽车提供交流电源的供电装置。电动汽车接收交流充电桩输出的单相/三相交流电后，通过车载充电机把交流电转换为直流电提供给电动汽车的蓄电池，从而实现电动汽车的能量补给。

交流充电桩安装了控制导引装置，保证充电桩和电动汽车之间的可靠连接及充电安全。同时，也集成了人机交互系统、收费管理系统以及本地和远程通信接口等功能模块，方便人们对其进行使用和管理。交流充电桩的工作原理是：在确认与电动汽车的连接状态和可提供的最大工作电流参数后，向车载充电机提供交流电，在确认充满电后，断开交流电；在充电期间，实现电能计量和安全监测等；在充电结束后，实现电费结算和数据记录等。

图 5-16 交流充电桩和直流充电桩

交流充电桩常采用一桩一充式、一桩多充式和壁挂式，其系统简单、占地面积小、安装方便、操作使用简便，可安装在电动汽车充电站、公共停车场、住宅小区停车场和大型商场停车场等室内或室外场所。交流充电桩具有漏电、短路、过电压、欠电压、过电流等保护功能，确保其安全可靠运行，是重要的电动汽车充电设施。交流充电桩输出功率一般较小（不大于7kW），充电速度较慢，需要6~8h，因此称为慢充。家用充电桩也多为交流充电桩。

2. 直流充电桩

直流充电桩是固定安装在电动汽车以外，与交流电网连接，可以为非车载电动汽车动力蓄电池提供直流电源的供电装置。与交流充电桩不同，交流电压在直流充电桩内就已经被转换为直流电压，因此在电动汽车上无须通过车载充电机将交流电压转换为直流电压。

直流充电桩采用三相四线交流电（380V±15%、频率50Hz）供电，功率较大（有60kW、120kW、200kW甚至更高），输出的电压和电流调整范围大，短时间内充电量更大，因此通过直流充电桩可更加迅速地直接为高压蓄电池充电，满足快充要求。

直流充电桩桩体较大，占用面积大，适于对大中型电动客车、混合动力公交车、电动轿车、出租车及工程车等进行快速直流充电，一般安装在高速公路旁的充电站内。

5.2.3 充电接口

充电接口用于连接活动电缆和充电部件。它由充电插头和充电插座两部分构成，充电插头与充电插座在充电过程中耦合，实现电能传输。为保证充电安全高效，电动汽车使用特定的充电接口进行充电。连接车辆部分称为车辆插头和车辆插座，连接供电设备部分称为供电插头和供电插座，如图 5-17 所示。

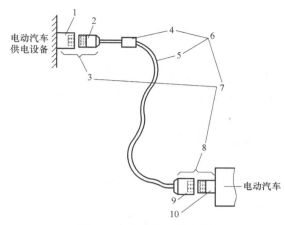

图 5-17　充电接口示意图

1—供电插座　2—供电插头　3—供电接口　4—缆上控制盒　5—电缆
6—充电连接装置　7—充电接口　8—车辆接口　9—车辆插头　10—车辆插座

1. 充电接口标准

由于不同国家和地区的电力基础和电网系统不同，各国家和地区对充电过程的电压和电流要求也各不相同，加上电动汽车还处于市场化的前期阶段，各国的技术路线还有很大差别，导致对充电接口的技术标准和要求也不同。

IEC（国际电工委员会）和 ISO（国际标准化组织）都在加速制定充电基础设施方面的国际标准。

目前，国外电动汽车充电接口标准有美国的 SAE（汽车工程师学会）标准和以日本为主的 CHAdeMO 企业联盟标准。充电接口的国际标准由 IEC 62196-1、IEC 62196-2 和 IEC 62196-3 三部分组成。

CCS（联合充电系统）标准是美系和德系八大制造商（福特、通用、克莱斯勒、奥迪、宝马、奔驰、大众和保时捷）于 2012 年联合发布的充电接口标准，即用一种接口就可以实现单相交流充电、三相交流充电、家用直流充电和超速直流充电四种模式。

SAE J1772—2010《电动汽车和插电式混合动力汽车传导式充电接口》是美国的 SAE 标准，该标准规定了电动汽车交流充电接口的通用要求、物理结构和尺寸以及控制导引电路等。SAE 选定 CCS 作为充电接口标准。

CHAdeMO 标准是由日本牵头成立的企业联盟标准，规定了直流充电接口以及非车载充电机的相关标准，其主旨是推进快速充电规格在日本的统一，因此主要被日本汽车制造商所采用。目前该标准所规定的技术方案也已提交到 IEC。

欧洲充电标准统一为 Combo（联合充电系统），其优点是低成本、快速、便利、可靠、体积小及带宽高，可允许电动汽车的快充和慢充。

中国则选择国家电网参与，完成充电协议的 PWM 规范，制定了 GB/T 20234 系列，

遵循IEC规范。虽然目前是国标推荐标准,但解决了国内不同地区、不同电网公司在充电接口方面不统一的问题。

2. 充电接口分类

充电接口分为两大类,即交流充电接口和直流充电接口。

(1) **交流充电接口**　交流充电接口将交流电网连接到车载充电机上进行充电,交流额定电压不超过440V。车载交流充电接口一般设置在电动汽车的侧面(原加油口位置)和前面(车标后面),不同制造商的充电接口位置设置略有不同。交流充电接口还可分为单相交流充电接口和三相交流充电接口。

单相交流充电接口主要用于家庭或者公共充电设施,供单相交流充电使用。其插头简单,与传统的电源插座相似,只是形体和额定电流较大,一般插头有三个端子,分别为交流火线、交流零线和接地线。

三相交流充电接口较单相交流充电接口更为复杂,充电电流也相对较大。根据GB/T 20234.2—2015《电动汽车传导充电用连接装置　第2部分:交流充电接口》,三相交流充电接口的插头和插座均包含7个端子,分别如图5-18和图5-19所示。

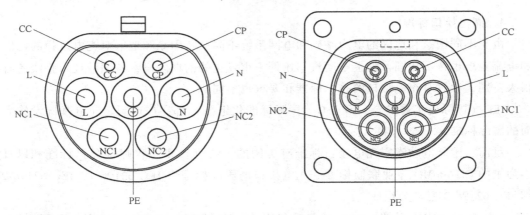

图5-18　交流充电接口插头端子布置　　　图5-19　交流充电接口插座端子布置

插头与插座在连接过程中,端子耦合顺序为保护接地、控制确认、充电连接确认。而在脱开过程中则顺序相反。

交流充电接口充电连接界面如图5-20所示。

(2) **直流充电接口**　直流充电接口利用非车载充电机对电动汽车进行直流充电,直流额定电压的最大值为600V。根据GB/T 20234.3—2015《电动汽车传导充电用连接装置　第3部分:直流充电接口》,交流充电接口的插头和插座均包含9个端子,分别如图5-21和图5-22所示。

插头与插座在连接过程中,端子的耦合顺序为保护接地、直流电源正、直流电源负、车辆端充电连接确认、低压辅助电源正与低压辅助电源负、充电通信与供电端充电连接确认。在脱开过程中则顺序相反。直流充电接口充电连接界面如图5-23所示。

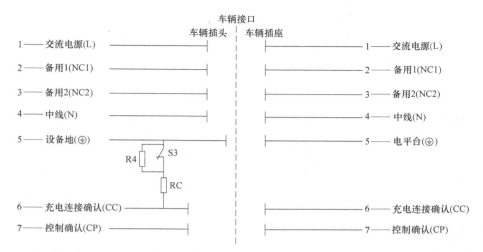

图 5-20　交流充电接口充电连接界面

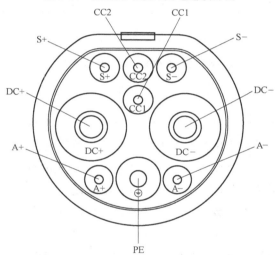

图 5-21　直流充电接口插头端子布置

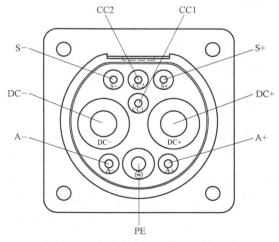

图 5-22　直流充电接口插座端子布置

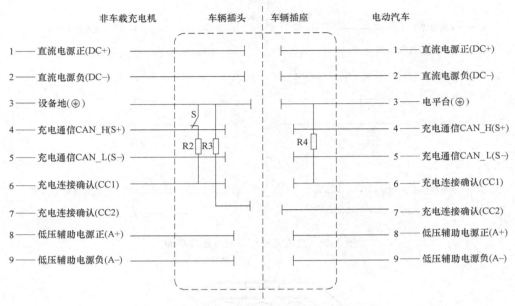

图 5-23 直流充电接口充电连接界面

5.2.4 充电站

如前所述,充电站是指采用整车充电的模式,为各种电动汽车提供所需电能的服务场所。充电站除电动汽车充电设备(至少有 1 台非车载充电机)外,还包括配电系统、充电系统、计量计费系统、监控与通信系统以及配套设施等。

根据配电容量和充电设备数量,充电站的建设规模可以分为大、中、小型三类。大型充电站的配电容量≥500kV·A,充电设备数量不少于 10 台,具备为各类电动汽车充电的能力。中型充电站的配电容量≥100kV·A 且<500kV·A,充电设备数量不少于 3 台。小型充电站的配电容量<100kV·A,充电设备数量少于 3 台。

根据使用场地的不同,可以分为立体充电站和平面充电站。立体充电站(图 5-24)多建立在人口密集的居民区、商业区或立体停车库。它占地面积小、空间利用率高,通常配备一定数量的直流充电机或交流充电桩。立体充电站根据其建设形式可以分为自行式立体充电站、升降横移式立体充电站和垂直升降式立体充电站。

平面充电站(图 5-25)一般建于土地资源相对宽裕的地方,占地面积较大,通常配备多台直流充电机和交流充电桩,可同时为多辆电动汽车提供充电服务。

还有一种未来理想的充电站——光伏充电站。其原理是利用高储能电池储存太阳能发出的电能并及时提供给电动汽车,或为其他系统供应电力。在太阳能发出的能量不足以满足充电站使用时,可以从电网中输送电量到充电站中储存,以便于及时给汽车提供电能。光伏充电站分为两类,分别是离网运行光伏充电站和并网运行光伏充电站。

图 5-24　立体充电站

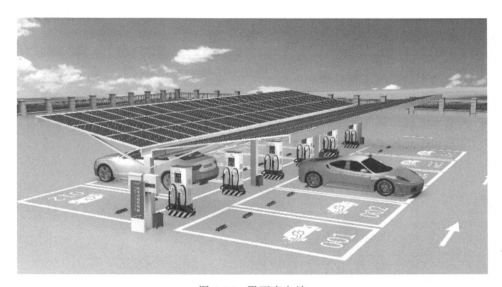

图 5-25　平面充电站

5.2.5　换电站

换电站是指采用蓄电池更换方式为电动汽车提供电能，并能在换电过程中对更换设备、动力蓄电池进行状态监控的场所，如图 5-26 所示。

根据功能不同，电动汽车换电站可分为以下三类：

1）蓄电池更换站。在这里可以对蓄电池进行充电，也可以为电动汽车提供换电服务。

2）蓄电池配送站。它是通过配送方式获得动力蓄电池，并为电动汽车提供蓄电池更换服务的场所。蓄电池配送站其实是蓄电池更换站的一种特殊形式。

3）蓄电池配送中心。它是对蓄电池集中进行充电，并为蓄电池配送站提供蓄电池的场所。蓄电池配送中心其实也是蓄电池更换站的一种特殊形式。

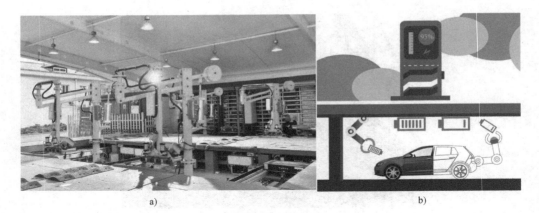

图 5-26 换电站

思 考 题

1. 电动汽车的充电装置有哪些类型？
2. 电动汽车有哪些充电方法？
3. 恒流充电包括哪些充电方法？
4. 慢充和快充的主要区别有哪些？
5. 你认为目前应着重发展哪种电动汽车充电技术？为什么？

第6章 电动汽车新技术

6.1 电动汽车与车联网

车联网一般通过车载物联网终端实现汽车的联网,车载物联网终端是一项新兴技术,可以大幅提高未来交通系统的安全性和高效性,并将车辆连接到计算机网络。车载物联网能够在行驶中的车辆之间建立无线通信,也能够在过路车辆和路边基站之间建立无线通信,如图6-1所示。利用多跳转发的方式,车载网络能够让两个在信号范围之外的车辆也建立通信连接,车载网络将成为未来智能交通系统的重要组成部分。

图 6-1 车联网应用

6.1.1 车联网的概念

车联网(Internet of Vehicles,IOV)是以汽车为信息节点,利用车载电子传感装置,通过移动通信技术、汽车导航系统、智能终端设备与信息网络平台,获取并融合车本身以及道路环境信息,使车与路、车与车、车与人、车与城市之间实时联网,实现信息互联互通,从而实现路线规划、安全辅助驾驶、应急救援、不停车收费、兴趣点查询及休闲娱乐等多种功能,为驾驶人和乘员提供更智能、更安全的驾驶。

6.1.2　车联网的网络结构

从网络上看,车联网系统是一个"端、管、云"三层体系(图6-2)。

图6-2　车联网三层体系

(1)第一层(端系统)　端系统不仅是汽车的智能传感器,用于采集与获取车辆的信息,感知行车状态与环境,还是具有车内通信、车间通信和车网通信的泛在通信终端,同时也是让汽车具备IOV寻址和网络可信标识等能力的设备。

(2)第二层(管系统)　负责解决车与车(V2V)、车与路(V2R)、车与网(V2I)以及车与人(V2P)等的互联互通,实现车辆自组网及多种异构网络之间的通信与漫游,在功能和性能上保障实时性、可服务性与网络泛在性,并且它是公网与专网的统一体。

(3)第三层(云系统)　车联网是一个云架构的车辆运行信息平台,它的生态链包含信息技术服务(Information Technology Services,ITS)、物流、客货运、危特车辆、汽修汽配、汽车租赁、企事业车辆管理、汽车制造商、4S店、保险、紧急救援及移动互联网等,是多源海量信息的汇聚,因此需要虚拟化、安全认证、实时交互和海量存储等云计算功能。其应用系统也是围绕车辆的数据汇聚、计算、电动汽车车联网行业趋势研究报告调度、监控以及管理与应用的复合体系。

6.1.3　车联网应用分类

根据国外的发展经验,车联网应用模式分为车辆安全、事故处理、车辆监控、流量调度、电子收费和信息娱乐六大类别,如图6-3所示。

1. 车辆安全

汽车安全分为主动安全和被动安全。被动安全包括作用在事故发生时的碰撞安全系统和事故发生后起作用的碰撞安全措施。主动安全主要包括车道保持系统、碰撞预报系统、辅助驾驶系统、驾驶人监控系统、倒车辅助系统、电子防盗和轮胎气压监测系统等。

2. 事故处理

事故中自动定位、紧急求助是事故管理最重要的功能,通过车内计算机控制技术、无线通信技术和全球卫星定位技术,在汽车发生安全事故时,第一时间向救援机构发出求助信号,并确定汽车所在的正确位置,为实施救援工作带来了极大帮助。

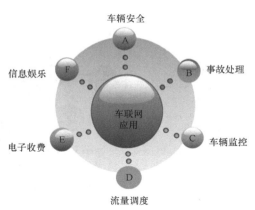

图6-3 车联网应用分类

3. 车辆监控

车辆智能监控融入了地理信息技术、全球卫星定位技术、无线通信技术、网络通信与信息安全技术等,将人员与车辆的监控管理、指挥调控、目标跟踪、应急报警和信息发布等多种增值服务集于一体,形成集合位置监控、报警处理、运输任务调度和运营管理等功能的综合信息管理平台。

4. 流量调度

车辆调度系统集全球定位系统(Global Positioning System,GPS)、地理信息系统(Geographic Information System,GIS)和现代通信技术于一体,将移动的目标位置(经纬度)、时间、状态等信息实时传送至调度监控中心,并可对目标的位置、速度、运行时间及车辆状态等进行监控和查询,为调度管理提供可视化数据依据。

5. 电子收费

汽车自动电子收费系统是当前世界上较为先进的路桥收费方式,通过车载电子标签与收费站ETC车道之间的短程通信,从而达到车辆不需停车自动交纳路桥费的目的,可大大提高高速公路收费站的通行能力,为广大驾乘人员提供安全、快捷、畅通的优质服务。

6. 信息娱乐

新一代的汽车信息娱乐系统(Intel In-Vehicle Infotainment,IVI)能与智能电话同步音乐、地图和通信录等众多随时需要的信息;可以独立下载当地的商业内容和多媒体内容;停车时可以从家用PC上下载音乐等,并且不耽误炒股等活动。

6.1.4 车联网产业核心力

纵观国内外车联网的发展情况,"用户体验"已然上升为车联网各方关注的核心焦点,安全、便捷、舒适也已成为用户关注的共性问题。在万物互联的背景下,支撑未来车联网"用户体验"的核心能力如图6-4所示。

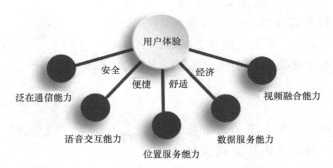

图 6-4 车联网"用户体验"核心能力

1. 车联网语音交互能力——语音输出与车载互动

交互能力，是人与车互动的关键能力。而语音技术在车载信息服务系统中的应用尤为迅猛，它不仅成为驾驶人获取信息、互动娱乐、程序操控的重要工具，而且在车载设备综合控制终端中担负着日益重要的角色，在改善行车安全、提升车载娱乐价值以及促进车载信息化效能的发挥等方面的作用越发重要。

2. 车联网视频融合能力——视频融合与智能分析

车联网视频融合能力是汽车工业和智能视觉技术发展的必然趋势。例如通过构建智能视觉车联网能够接入各类视频终端，实现车辆状态的在线检查、在线年检、在线监控；通过在线识别车辆状态和状况，可以了解车辆是否具备合法运营执照，是否符合环保要求，是否有危险行车行为等。

3. 车联网数据服务能力——状态监测与数据分析

车联网数据服务能力，是基于大数据的信息采集、处理及分析能力。例如通过获取关于发动机、变速器、安全气囊、制动系统、ABS、空调等以及免钥匙模块和门模块的数据，实现对车辆的远程控制；可实时查看发动机的温度、机油情况等，并能了解车辆是否需要保养以及车辆存在何种故障。一方面通过远程故障的预警，确保驾驶人的安全驾驶环境；另一方面，通过远程故障的分析，给 4S 店、维修站带来利益，有助于产业链的健康有序发展。

4. 车联网位置服务能力——位置服务与地图导航

位置服务将成为车联网的核心元素。随着互联网技术的不断发展，位置服务将成为车联网的一个基本功能，无论是口碑营销、泛关系链营销或者车友会，其本质都会通过车联网形成一个朋友圈，进而衍生新的商业模式。例如，可以随时查询家人的位置，并且预测回家的时间以发送给家人。

5. 车联网泛在通信能力——无线网络与流量经营

车联网泛在通信能力，是车"联"网的前提条件和基础保障。通过泛在无线网络通信模块，实现车与人、车与车、车与互联网之间的连接，为用户提供丰富多样的服务体验，而流量经营则为用户使用网络提供了最为经济实用的方案。

6.1.5 车联网发展概况

目前，国外车联网行业相对比较成熟，以美国、欧洲、日本为代表，处于迅速发展阶段。国外的车联网服务已经全方位覆盖用户导航、行车安全及生活娱乐等各方面的需求，具体服务内容主要包括面向个人用户的车辆远程诊断、紧急救援、防盗追踪、全音控导航和通信、车况监测报告、保养通知、天气资讯、旅游路径推荐和旅馆餐厅定位查询，以及面向企业用户的车辆管理和驾驶管理等。

美国交通运输部在 2012 年颁布的《智能交通系统战略研究计划》中，首次提出了"车联网"构想。其目标是利用无线通信建立一个全国性的、多模式的地面交通系统，形成一个车辆、道路基础设施、乘客的便携式设施之间相互连接的交通环境，最大程度地保障交通运输的安全性、灵活性和对环境的友好性。2014 年，美国交通运输部与美国智能交通系统联合项目办公室共同提出了 ITS 战略计划 2015—2019，为美国未来 5 年在智能交通领域的发展明确了方向，汽车的智能化、网联化成为该战略计划的核心，成为美国解决交通系统问题的关键技术手段。

日本的车辆信息通信系统（VICS）是从各地警察和道路管理部门收集道路拥堵情况、道路信息及路线、停车场空位以及交通事故等实时交通信息，并通过道路电波装置发送至经过的车辆。

欧洲正在全面开发应用远程信息处理技术（Telematics），在全欧洲建立交通专用无线通信网，并以此为基础开展交通管理、导航和电子收费等项目。

我国车联网行业的发展和技术研究均起步较晚。随着 2009 年美国通用的 OnStar 系统和日本丰田的 G-Book 系统同时引入，我国车联网发展元年才正式开启，当前正处于初创期向拓展期过渡的阶段。目前，我国传统汽车车联网市场的服务领域包括三方面：地图/导航服务、行车安全服务和生活娱乐服务。其中，地图/导航服务与行车安全服务契合终端用户的刚性行车需求，对用户具有较强的"黏性"；生活服务满足用户基于地理位置的餐饮、票务、家政及社交等日常生活的需求，属于延伸服务。

6.1.6 车联网在电动汽车中的应用

目前，由于互联网汽车市场的快速发展，车联网在电动汽车中的应用也越来越多。部分企业利用互联网，打通整个电动汽车产业链，通过"充电 APP"+"城市智能充电网络"+"运营系统"的模式，实现电动汽车产业最佳用户使用体验。以第三方的核心优势整合设备厂商、整车厂商、政府、经销商、用户，进而形成强大的服务和分享网络，最大地整合力量推动新能源汽车的普及与发展。

电动汽车企业正努力建设完善的电动汽车充电数据网络和车主服务体验网络，下一步将开发强大且完整的汽车充电及运营云技术服务系统，利用移动互联网、云计算和物联网技术，实现电动汽车的服务网络覆盖，让越来越多的人可以安心地购买和使用电动汽车。

6.2 电动汽车与智能电网

6.2.1 电动汽车与电网互动技术

电动汽车与电网互动技术（Vehicle to Grid，V2G）描述的是一种新型智能电网技术，如图 6-5 所示。电动汽车不仅作为电力消费体，同时在电动汽车闲置时可向电网回馈电能，实现在受控状态下电动汽车与电网之间的能量和信息双向互动。既解决了电动汽车大规模发展带来的充电需求问题，又可将电动汽车作为移动的分布式储能单元接入电网，用于调峰、调频和旋转备用等，在提高电网供电灵活性、可靠性和能源利用效率的同时，减少电网建设投资。

图 6-5　国家电网智慧车联网平台

电动汽车与电网互动技术体现的是能量双向、实时、可控、高速地在车辆和电网之间流动，充放电控制装置既有与电网的交互，又有与车辆的交互。交互的内容包括能量转换、客户需求信息、电网状态、车辆信息和计量计费信息等。因此，电动汽车与电网互动技术是融合了电力电子技术、通信技术、调度和计量技术及需求侧管理等的高端综合应用，电动汽车与电网互动技术的实现将使电网技术向更加智能化的方向发展，也将使电动汽车技术的发展获得新突破。电动汽车与电网互动技术的主要功能体现在以下四个方面。

1. 平抑负荷峰谷

在城市中，尤其是大型城市，电网峰谷负荷差会很大。每天电网负荷高峰时段需要有足够容量的电厂来调节负荷变化，在低谷时就会闲置很多容量。由于个人使用的电动汽车绝大多数时间处于停驶状态，这就为电动汽车作为分布式移动储能单元提供了可能性。使用电动汽车与电网互动时可以实现在负荷低谷时给电动汽车充电，从电网吸收功率；而在负荷高峰时电动汽车通过逆变装置将电能回馈给电网，向电网输送功率。这样能够减少电网在备用容量上的投资，减小电网峰谷差值，取得经济效益。

在国家节能减排和新能源汽车的政策支持下，采用电动汽车与电网互动技术平抑负荷峰谷具有显著的社会效益。在经济方面，充分利用闲置的电动汽车储能能力，鼓励用户参与电动汽车与电网互动，一方面可以抵消用户使用电动汽车的部分费用，另一方面可以减少国家建设调峰电源的巨额投资，具有明显的经济效益。

2. 对频率做出响应

频率的变化反映负荷的变化，同时也必须通过调整频率来保证满足系统功率和负荷的平衡。电动汽车与电网互动技术能在非高峰时段自动充电，在高峰时段放电，替代效率较低的调频电厂（一般的火电厂在接到调频信号后，需要一定的起动时间，而高性能的车载动力蓄电池对信号的反应速度是毫秒级的）。

电动汽车放电时可看成是一种分布式电源，可用功率及可用时间都有很大的不确定性，但是，当与电网互动的电动汽车达到一定数量时，对于一个整体来说少量车辆的退出，不会影响电动汽车与电网互动技术总的可用功率。有研究表明，90%的车辆都可以参加调频服务，即使在交通的最高峰点也有80%多的车辆是停驶的，即可以参加调频服务；而且对于个人用车，一天当中只有4%~5%的时间是工作的，即有95%的时间可以参加调频服务。当电动汽车规模化应用时，利用电动汽车与电网互动技术模式实现调频功能将在一定程度上提高电网的调频效率。

3. 用作应急电源

当交流电源（市电）出现干扰或中断时，电动汽车与电网互动技术能保证对负载不间断的供电，确保关键负载连续正常运行，从而节省应急供电装置的投资，而且其可靠性高，并可以根据实际情况来选择需要的容量或采用并联方式扩大容量，这样就可以使更多的设备受到保护。

当电动汽车规模化应用时，如旅游景点大型停车场、居民社区停车场等地方，可以利用电动汽车放电，作为紧急情况下的备用电源使用，为景点电力设备及居民住宅提供足够的电能，为电网维修和恢复提供足够的时间，能够在一定程度上提高供电可靠性。

4. 为新能源接入平抑扰动

新能源发电具有较大的波动性，会对电网平稳运行造成较大冲击。以风力发电和光伏发电为例，风能、太阳能都是清洁能源，但从电网角度来看，风能、太阳能的波动性和随机性实际上会对电网供电质量产生不利影响。电网在接纳这些电能时要对这种波动进行调节，这时电动汽车与电网互动技术就可以作为备用容量对新能源接入所产生的扰动进行平抑，减小火电或其他常规机组的备用容量。

总体而言，电动汽车规模化应用后，电网操作者可实时或在预定时间有目标地部署和调整资源，从而实现最优化的充放电模式。

6.2.2 电动汽车与电网互动框架

目前，我国正在建设以特高压电网为骨干网架，各级电网协调发展，以数字化、自动化、互动化为特征的坚强智能电网。配电网和用户则是智能电网建设的重要层面，智能电网具有完整的信息架构和基础设施体系，配电网中的每一节点和用户都可得到全面的监控，通过广泛应用的通信与自动控制装置保证电网和用户端信息的双向流动，实现电网和用户间的实时互动。未来电动汽车可将广泛分布在低压配电网中，电动汽车与电网互动技术不仅意味着电动汽车可将储存的能量回馈到电网，更包含电动汽车与电网之间的互动关系，即在电动汽车用户的有效参与下，电网通过一定的控制和引导手段，改变电动汽车的电力需求方式，达到改善发电设备利用水平、提高电网稳定性和可靠性以及改善供电电能质量等目的。电动汽车与电网的互动具体包括以下两种方式。

1. 信息的双向流动

电网可以获得电动汽车的充放电功率、动力蓄电池的荷电状态和计量计费等信息，电动汽车也可接收来自电网的电价信号和控制命令等。电动汽车用户可根据自身的行程安排和当前的电价情况做出响应。

2. 能量的双向流动

在保证用户安全和电网正常运行条件下，电动汽车除了从电网获得电能外，还可向电网回馈能量。在电动汽车与电网互动技术规模应用下，电动汽车作为分散式储能装置，将成为电网运行控制的有机部分，为电网提供各种有价值的服务。

智能电网为电动汽车与电网间的互动提供了硬件平台和信息通道。智能电网能为电动汽车与电网互动技术提供应用平台，而电动汽车与电网互动技术的规模化应用也正是配电网智能化的重要组成部分。电动汽车作为电网能量系统的有机组成，可提高电网的安全性、稳定性、可靠性和经济性。电动汽车与电网互动技术的应用不仅使电动汽车的"无序"充电变为"有序"充电，更可利用动力蓄电池储能功能对电价做出响应或向电网提供服务，为电动汽车用户带来经济收益。

电动汽车与电网互动技术的发展和应用受到电动汽车规模、动力蓄电池性能、通信技术、电网控制和保护策略、电力市场准入制度以及电价制定准则等技术层面和政策层面众多因素的制约，需要解决从基础理论、标准体系、互动技术、支撑技术、互动设备与系统到互动验证与应用等一系列问题。

6.2.3 电动汽车与电网互动关键技术与设备

实现电动汽车与电网的能量和信息交换，涉及硬件系统、软件系统、通信系统和商业运营模式四方面的内容。其中，硬件系统包括实现动力蓄电池能量转换的充放电装置、保证电动汽车和所接入电网运行安全的并网装置、双向计量计费装置和智能车载终端等。

1. 充放电装置

电动汽车动力蓄电池与电网之间的能量转换需要进行交直流电的变换。可选用的一种方案是利用电动汽车驱动电机系统的逆变器，加以必要的控制电路进行改造。目前能实现这一方案的有 AC-150 系统。该种方案便于实现电动汽车与电网间以较大功率交换，避免使用专门的充放电装置，节约设备成本，但在与电网交互过程中，驱动电机并没有断电，可能存在一定的安全风险。

另一种方案是通过独立的充放电装置将电动汽车接入电网，包括车载和非车载充放电装置。典型的充放电装置的拓扑结构由 PWM 整流与双向 DC-DC 变换器构成，充放电装置为非线性设备，其谐波水平、电压闪变等都应满足一定限制。此外，充放电装置的转换效率在一定程度上影响电动汽车与电网间能量转换的经济性。

2. 智能量测和通信系统

在电动汽车与电网互动技术的应用下，电动汽车根据电网实时电价进行充放电，需要对电动汽车与电网之间的能量转换进行双向计量计费，并可将数据信息发送至数据中心存储，以便电网和电动汽车用户对充放电进行管理和查询。更高层级的应用还需要向电网传达用户信息并接收电网的指令，因此需要建立双向通信系统。

（1）**智能电网高级量测体系**　高级量测体系（Advanced Metering Infrastructure，AMI）是智能电网的关键技术之一。AMI 包括智能电能表、计量数据管理系统及相应通信网络。在该体系下，用户通过用户室内网（HAN）将包括电动汽车在内的家用电器与智能电能表连接起来，使用户能根据电网需要进行响应。

（2）**车载智能量测装置**　有一种方案是将电动汽车与电网的互动限制在住宅等具备 AMI 的区域。电动汽车也能通过不具备 AMI 的公共充电设施接入电网。此时，电动汽车需要告知电网其用户身份、所处位置和充电功率等级等信息，电网也需将电价、充电功率限制等信息告知电动汽车用户，解决方法是在车内安装具有 GPS 功能的智能量测装置，通过有线或无线方法与电网进行通信。通信方案有电力载波、以太网、ZigBee和移动蜂窝网等。这种方式可以使电动汽车在"漫游"情况下，依然可以实现与电网的互动，并得到统一的计量计费。在这种方式下，无需对电网的计量装置进行改造，更有利于电动汽车与电网互动技术的推广应用。

3. 电动汽车与电网互动的控制策略

目前，电网的调度运行并未考虑分散的发电和储能设备。电动汽车规模化应用后，数量庞大，分布广泛，一种方法是通过电价信号对电动汽车充放电进行间接的引导，另一种可行的方法是将一定数量的电动汽车集合起来再与电网进行交互。相应的控制策略涉及电动汽车用户、聚集管理员（Aggregator）和电网调度三方，以及这三方之间的协调运行。

（1）**基于用户层面的控制策略**　基于用户层面的控制策略涉及用户行驶需求、用电成本和电池循环寿命损耗等方面。例如基于电价信号的充放电策略，电动汽车用户跟随电网发布的实时电价信息进行充放电控制，以获得最大收益为目标。当售出电价高于用户的买入电价时，用户可选择将电动汽车存储的电能回馈给电网。

（2）**基于聚集管理员的控制策略**　基于聚集管理员（Aggregator）的控制策略，涉及电动汽车的管理者如何对其服务的电动汽车用户进行协调管理。例如在向电网提供辅

助服务时，怎样考虑各用户的充电需求。

（3）**基于电网调度运行的控制策略** 基于电网调度运行的控制策略涉及电动汽车与电网互动技术的应用层面，即电网如何利用电动汽车的充放电进行整个电网的优化运行，包括削峰填谷、扩大可再生能源接入以及提高稳定性等方面。在电动汽车与分布式电源大规模接入电网后，电网的调度运行结构将发生根本性的转变，如何将电动汽车和分布式电源纳入整个电网的能量体系，对电网的经济性、稳定性进行优化，也是以后智能电网应用的一大课题。

此外，电动汽车与负荷、分布式电源相结合构成的微电网也是目前研究的方向之一。当电网发生故障时，进入孤岛运行，电动汽车充当系统中的储能装置，辅助波动的可再生能源发电，维持孤岛中电压、频率的稳定，此时需要对该模式下电动汽车的充放电控制策略进行设计。微电网在并网和孤岛运行的无缝连接，电网对微电网的兼容和协调控制都是有待研究的内容。若同时考虑电动汽车在微电网中的应用和电动汽车在整个电网能量体系中的应用，整个系统将变得更加复杂。

6.2.4 电动汽车与电网互动技术发展面临的挑战

电动汽车与电网互动技术系统的复杂程度与其应用层面有关，根据电动汽车规模和动力蓄电池技术水平的发展，电动汽车与电网互动技术的应用层面也会不同，如改善负荷曲线、负荷管理、辅助服务、微电网以及与可再生能源发电协调运行等。将电动汽车纳入电网能量管理体系，与可再生能源发电协调运行，优化能源效率，参与电网调度，促进电网的安全性、稳定性、可靠性和经济性是电动汽车与电网互动技术应用的最终目标。实现该目标需要在电动汽车和电网之间建立双向通信体系，设计管理结构和控制策略，面临的挑战主要包含以下五个方面：

1）为各制造商的产品建立统一通信协议，便于与电网进行交互。各个制造商充电设备的通信接口和协议各不相同，将为电网对电动汽车的统一调度带来阻碍。

2）建立电动汽车与电网之间的快速、可靠的实时控制。电动汽车在地理位置上具有很大的分散性，同时数量庞大，建立完整的通信网络需要大量投资。通信的速度和可靠性也是决定电动汽车与电网互动技术应用的关键因素。

3）对电网能量管理系统（Energy Management System，EMS）/配电管理系统（Distribution Management System，DMS）的扩展。现有 EMS 软件不对低压节点进行建模，将数目庞大又分散的电动汽车纳入电网的调度管理，将给 EMS 各应用软件的计算带来很大难度，如最优潮流计算、经济调度等。DMS 还将面临大量的计费计量工作。

4）需要成熟的电力市场环境。在电动汽车与电网互动技术的应用下，电动汽车根据电网需求进行充放电，需要合理的电价制定机制。同时电动汽车可能通过一定集成管理向电网提供辅助服务，确定集成管理者的角色，提供准入政策，也是促进电动汽车与电网互动技术应用的条件。

5）与现有配电网控制和保护策略的协调。在电动汽车与电网互动技术规模化应用之下，负荷潮流可能变化较大，使线网上的电压幅值发生较大变化，给电压调节带来困难。电动汽车接入电网后，配电网可能出现双向潮流，短路电流也发生变化，原有保护装置不能正常运行。

以上所述挑战也是建设智能电网中可能面临的问题，电动汽车与电网互动技术是电动汽车在智能电网背景下的应用，同时也是智能电网的重要组成部分。电动汽车与电网互动技术的应用与电网的智能水平密切相关，二者相互促进，共同发展。

6.3 电动汽车与无线充电技术

为了节约能源，减少环境污染，电动汽车受到了世界各国的大力推广。目前，由于电池容量及充电基础设施等条件的限制，充电问题成为电动汽车发展过程中面临的主要瓶颈问题。由于无线充电技术可以解决传统传导式充电面临的接口限制及安全等问题，正逐步发展成为电动汽车充电的主要方式。然而，静态无线充电与有线充电同样存在充电频繁、续驶里程短、电池用量大且成本高昂等问题。特别是对于电动公交车，其连续续航能力格外重要。在这样的背景下，电动汽车动态无线充电技术应运而生，通过非接触的方式为行驶中的电动汽车实时提供能量。

6.3.1 电动汽车无线充电工作原理

电动汽车无线充电（图6-6）技术通过埋于地面下的供电导轨以高频交变磁场的形式将电能传输给运行在地面上一定范围内的车辆接收端电能获取机构，进而给车载储能设备供电，可使电动汽车搭载少量蓄电池组，延长其续驶里程，同时使电能补给变得更加安全、便捷。动态无线供电技术的主要参数指标有电能传输距离、功率、效率、耦合机构侧移适应能力及电磁兼容性等。

图 6-6 电动汽车无线充电

6.3.2 电动汽车无线充电技术发展概况

目前，新西兰奥克兰大学、日本东京大学、美国橡树岭国家实验室、韩国高等科学技术学院等国外研究团队已经对电动汽车动态无线充电相关的技术难点以及关键问题展开了一系列研究，主要集中在系统建模方法、电能变换拓扑结构、电磁耦合机构优化设计和电磁屏蔽技术等方面。新西兰奥克兰大学与德国康稳公司合作研制出世界上第一辆无线充电客车，其功率为30kW，同时也研制出100kW无线供电列车样机，列车轨道长400m。

美国橡树岭国家实验室针对电动汽车动态无线充电的耦合机构、传输特性、介质损耗及电磁辐射展开研究，其地面发射装置采用全桥逆变和串联的两个一次绕组，试验结果表明传输功率和效率受电动汽车位置影响较大。

日本东京大学提出基于 DC-DC 变换器的二次最大效率控制方法，通过一次等效阻抗实时在线估计耦合系数，利用前馈控制器改变 DC-DC 变换器输入占空比实现最大效率控制。

国际上诸如奔驰、宝马及奥迪等豪华品牌都已经开始研究无线充电技术，虽然方向不一样，但是已经收获了一些成果，奔驰和宝马合作研发的无线充电技术已经通过了测试，而且在宝马 i8 上成功应用。在韩国，还铺设了一条 12km 长的无线充电路段，车辆可以在路上一边行驶一边充电，如图 6-7 所示。

目前，国内各高校、研究所也相继开展了无线电能传输技术及应用的研究工作，并于 2011 年 10 月，由中国科协资助在天津工业大学举办了"无线电能传输关键技术问题与应用前景"学术沙龙，这是国内在无线电能传输领域的第一次学术会议，随后相继于 2012 年在重庆举办了"无线电能传输技术研讨会"，2013 年在贵阳举办了"无线电能传输关键技术与应用学术研讨

图 6-7 无线充电公路

会"，2014 年在南京举办了"无线电能传输技术与应用国际学术会议"，2015 年在武汉举办了"无线电能传输技术及应用学术会议"，展示了国内无线电能传输技术良好的发展态势和前景。2018 年，重庆大学无线电能传输技术研究所研发出"三合一"电子公路的"电动车动态无线充电系统"，该系统完成了全套无线充电系统的方案设计、样件研发、批量生产及现场安装调试等工作，集成多项具有自主知识产权的关键技术，其动态无线输出功率 11kW（整条示范道路可达 MW 级），最高效率 90% 以上，适应车速超过 120km/h，车外磁场强度小于 10μT，车内磁场强度小于 1μT（国际标准要求为小于 27μT），其系统综合性能指标达到世界先进水平。

6.3.3 电动汽车无线充电技术的关键问题

电动汽车无线充电系统的导轨模式分为单级导轨模式和多级导轨模式，如图 6-8 所示。

对于单级导轨模式，系统工作时在一次回路中只有一条导轨和一套一次电能变换装置在工作。对于多级导轨模式，系统工作时在一次线圈中有多段导轨和多套电能变换装置在工作，当电动汽车行驶到某一条导轨上时就由该条导轨给电动汽车充电，其余导轨处于待机状态。当汽车行驶到下一段导轨时，就关断上一段导轨并开启下一段导轨给电动汽车充电。因此，电动汽车无线充电技术存在以下三个亟待解决的问题。

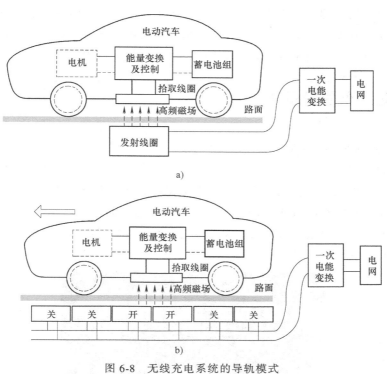

图 6-8 无线充电系统的导轨模式
a) 单级 b) 双级

1. 高性能耦合机构设计问题

与单极性长线圈型导轨相比，双极供电导轨具有功率密度高、尺寸紧凑、侧移适应性强以及对轨道两侧磁场暴露水平低等特点，且地面施工难度小、磁极磁芯用量少、施工成本低，适合大规模工程应用，但是双极性导轨磁场分布不均匀，存在耦合零点问题，造成能量传输不连续，不仅影响系统稳定性，还会降低能量传输功率与效率，还需要对其结构进行进一步的优化设计，提升动态无线充电平均传输效率和平均传输功率。

2. 能量传输鲁棒控制问题

在双极供电导轨动态无线供电系统中，由于耦合机构相对位置的变化、分段导轨间磁场的不均匀分布以及路基介质不同等多参数扰动的影响，能量传输处于快速非线性变化过程，如何提高系统稳定性、提升系统响应速度成为动态无线能量传输系统控制策略的研究目标。

3. 电磁兼容问题

电磁兼容问题与能量传输的质量、对系统造成的电磁干扰以及对人体造成的影响等方面息息相关，只有有效地解决电磁兼容问题才能保证系统安全、可靠、稳定地运行。可见，如何在最小限度影响系统效率的情况下，高效、可靠地保证系统的电磁兼容性成为研究的主要内容。

电动汽车无线充电技术具有方便、快捷的优点，但目前尚处于研发和探索阶段，在实用化方面还有大量的工作要做。此外，根据当前能源匮乏的实际情况，电动汽车实现大功率无线充电技术的产业化运作还为时过早,但作为未来灵活的充电方式,进行前期探索很有必要。随着该技术的不断完善,同时结合智能电网的建设,其在电动汽车智能充换电服务网络方面的应用将大大推动电动汽车的大规模应用。

6.4 电动汽车的轻量化

6.4.1 电动汽车轻量化的意义

随着汽车排放法规的日益严格,汽车也正朝着节能减排的新能源方向发展,发展新型电动汽车是实现汽车制造业可持续发展的必由之路。而电动汽车的轻量化(图6-9)是各大汽车制造商一直重点研究的问题。轻量化不仅可以帮助节能减排,还能提升车辆使用效率和行车安全。

图6-9 电动汽车轻量化

汽车轻量化与节能减排存在直接关联。根据相关政策,到2020年,车企平均油耗必须降低到每百公里5L。据统计数据表明,汽车整车质量减少10%,就能节油6%~8%,每百公里油耗能够下降0.3~0.6L。而对于新能源汽车而言,因为净增电池质量达到300kg以上,所以轻量化更是必不可少的课题。目前,电动汽车的电池能量密度提高比较困难,只有到电池或者储能装置可以达到现今汽油及氢燃料的能量密度,才有可能比较任意地按照现在的原理设计汽车。因此,针对现有电池能量密度的情况,需要把汽车设计得更小、更轻,从而增加电动汽车的续驶里程,提高其能量利用率。

从安全角度来看,轻量化和小型化可以令车更加安全。2000年前后,美国联邦政府交通部研究的一个结论显示,如果能够降低道路车辆的平均重量,可以减少道路净伤亡。此外,随着主动安全技术越来越发达,又小又轻的车更容易控制,在与行人和自行车碰撞时,造成的伤害也会降低。

6.4.2 电动汽车轻量化的方法

关于汽车的轻量化,世界各国的汽车制造商都对此进行了大量的研究,并取得了许多有利于汽车轻量化推广的技术成果。然而,与传统的燃料汽车相比,电动汽车对轻量化技术的需求更为迫切。这是因为在单位能耗下的排放相同时,电动汽车存在不能像传统燃料汽车那样,依靠一次性补充能源来实现车辆长期行驶的不确定性。因此,电动汽车需要在电气化的基础上采用比传统燃料汽车更先进的轻量化技术。目前电动汽车轻量化的技术方法包括以下五方面。

1. 车身轻量化

电动汽车的车身轻量化(图6-10)应注重新材料的应用、结构设计、模具设计及相应的制造技术。新型高强度、低密度的轻质车身材料众多,可作为电动汽车车身的材料如下:

(1) **铝合金车身** 铝制车身安全、可回收且重量轻。轻质铝合金车身使车身质量大大降低,与相同体积的钢材相比,质量可以降低30%~40%,这意味着更低的油耗和更好的动力性能。此外,铝合金车身几乎可以实现100%回收,满足环保要求,框架结构还可以提高车身的安全性,保护车内设施。

(2) **改性塑料车身** 对于生物降解改性塑料的应用,在解决了塑料体的热胀系数问题后,金属本体的比较将显示出明显的技术优势和市场优势。因此改性塑料有望很快应用于汽车车身,特别是电动汽车。

(3) **碳纤维增强复合材料车身** 碳纤维体比钢体质量降低50%左右,比铝体轻30%左右。碳纤维作为汽车材料,具有重量轻、强度高的特点,而硬度则是钢的10倍以上。汽车制造用碳纤维材料在汽车轻量化方面取得了突破性进展,整车的减重效果可达50%以上。

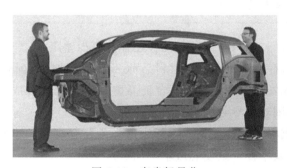

图6-10 车身轻量化

2. 底盘的轻量化

为了减轻电动汽车的底盘重量,主要的技术途径是采用轻金属或碳纤维,并采用先进的设计结构。一是采用先进的铝合金材料制造底盘,它比以钢铁材料为底盘的轻;二是设计轻型轮毂,主要采用镁合金或铝合金锻造轻型轮毂,以降低制动系统和轮胎的质量,从而提高电动汽车的可控性和加速度效应。

3. 高压配电盒的材质工艺轻量化

铝合金在机体中的应用主要体现在发动机罩和气缸盖。铝合金由于具有明显的轻质效应,具备重量轻、耐蚀性强、耐久性好和减少行人冲击损伤等优点。高压配电盒作为电动汽车的重要组成部分，对其轻量化和稳定性提出了更高的要求。高压配电盒内板的性能主要取决于连续退火和热处理工艺。经钝化处理后，轧辊涂覆或喷涂的铝线圈具有优良的表面层，有利于保持电动汽车高压配电盒电池管理系统的智能控制管理单元保护，提高铝线圈的附着力，增强高压配电箱的稳定性。

4. 整车的新型制造工艺

整车的新型制造工艺主要有粘接铆接工艺、简化涂装工艺、模块化组装工艺和天然纤维零件等。简化涂装工艺可有效解决能耗高、成本高的问题，同时可有效减少环境污染，它的优点是充分利用了复合材料直接在模具中或只在表面涂覆的优点，从而有效节约了电泳和磷化的成本。在电动汽车零部件中应用天然纤维可有效减小汽车零部件的质量，降低成本，提高材料强度，降低使用噪声。此外，它还可以有效降低车辆中挥发性有机化合物的含量。

5. 电池轻量化技术

电动汽车电池的轻量化技术是为了提高电池的比能量，或开发更先进、更环保、更节能的电池。电动汽车的性能取决于电池的体积比能量和质量比能量。一方面，目前电动汽车电池的实际比能量与理论还存在较大差距，同时，为了有效提高现有电池的比能量，需要实现电动汽车管理系统的优化和系统能耗的降低。另一方面，氢氧电池被认为是较为理想的电源，因为它不仅高效节能，而且清洁无污染。电动汽车制造商目前正在研究金属燃料电池，与其他电池相比，金属燃料电池具有效率和灵活性皆高的优点。因此，金属燃料电池为电动汽车电池轻量化技术的发展提供了一个方向。

6.4.3 电动汽车轻量化的发展

在汽车轻量化方面，国内与国外相比，还存有不少差距：

1）材料行业本身存在不足。我国材料品种、数量、性能与国外还有很大差距。

2）国内汽车行业发展问题。特别是合资品牌，由于拥有自成体系的供应商链，国产材料企业进入非常困难，导致国内材料企业明显滞后于汽车产业发展。

3）材料和加工成本控制难度大。碳纤维这样的复合材料，本身成本可能不是非常高，但是由于其加工效率低，致使总成本增加。

4）标准不完善。

5）国内汽车企业和材料企业的融合不够。

6.4.4 推进电动汽车轻量化的方法

从发展产业链的角度出发，推动汽车轻量化有以下四个方法：

1）组织行业协会、企业和专家尽快建立中国汽车工业有关材料的标准体系，并建立材料自身的论证体系，进行材料的性能检测、应用验证以及技术稳定性和安全可靠性的评价等。

2）鼓励产业链上下游合作组建产业联盟，支持汽车工业与国内材料行业之间深入

第6章 电动汽车新技术

交流，实现强强联合，突破国产改性塑料进入汽车整车及关键零部件市场的瓶颈，让一部分性能稳定、品质过硬的国产材料优先进入汽车产业链。

3）通过强基工程、智能制造工程及绿色制造工程等专项支持建立汽车材料应用评价公共服务平台，以及实现汽车材料生产制造技术的产业化。

4）推动电动汽车行业和化工行业的骨干企业，联合成立一个轻量化新材料的产业基金，聚集更多的社会力量推动电动汽车的轻量化发展。

总之，要实现电动汽车的轻量化，需从底盘、高压配电盒和电池等入手，然后采用轻量级技术和系统集成。采用新型复合材料和新型电池是电动汽车轻量化发展的一个重要方向。只要汽车制造商能够继续探索和研究电动汽车，积极研发新材料、新技术、新工艺，完善电动汽车轻量化产业链，就能制造出真正商业化的新型电动汽车。

6.5 电动汽车与线控技术

6.5.1 线控技术概念

线控技术最早成功用于航空领域，线控技术用于汽车行业是指用电机系统取代纯机械的、液压的或气动的部件，其本质是用电子控制机器运行，并取代机械直接控制，是当前发展趋势的象征。例如，驾驶人可以不再通过传统的控制手段，即不再通过转动转向盘等将作用力传给转向柱和转向齿条，并进一步作用到汽车转向轮，取而代之的是驾驶人操控的动作，被电子装置所感测转换成数字电子信号，传递给控制车轮运动的智能电子机械装置，从而实现对车辆的控制，使得驾驶更加安全和舒适。

线控技术可以理解为"X-by-Wire"，这里的 X 代表传统汽车中有机械和液压控制的各个部件的操作，如发动机、悬架、转向器、加速踏板及门锁等。汽车线控技术主要应用在线控转向、线控制动、线控悬架、线控节气门系统及线控离合器等系统中。

6.5.2 线控技术的应用

1. 线控节气门

线控节气门相当简单，且已经大量应用。它其实就是电子节气门，凡具备定速巡航的车辆都配备电子节气门。电子节气门通过用线束（导线）代替拉索或拉杆，在节气门侧装一个微型电动机，用电动机来控制节气门的开度。

电子节气门控制系统主要由加速踏板、踏板位移传感器、电控单元（ECU）、数据总线、伺服电动机和节气门执行机构组成。

踏板位移传感器安装在加速踏板内部，随时监测加速踏板的位置。当监测到加速踏板高度位置有变化时，会瞬间将此信息送至 ECU，ECU 对该信息和其他系统传来的数据信息进行运算处理，计算出一个控制信号，通过线路送到伺服电动机继电器，伺服电动机驱动节气门执行机构，数据总线则负责系统 ECU 与其他 ECU 之间的通信。

在自适应巡航中，改由电子稳定系统 ESP（ESC）中的 ECU 来控制电动机，进而控制节气门的开度，最终控制车速。

2. 线控转向

线控转向技术（图 6-11）已经得到实际应用，如英菲尼迪 Q50 的电子助力转向（EPS）就已经非常接近线控转向了。

线控转向与 EPS 之间的主要差异就是线控转向取消了转向盘与车轮之间的机械连接，改用传感器获得转向盘的转角数据，然后由 ECU 将其折算为具体的驱动力数据，用电动机推动转向器转动车轮。而 EPS 则是根据驾驶人的转角来增加转向力。

线控转向的缺点是需要模拟一个转向盘的力回馈，因为转向盘没有和机械部分连接，驾驶人感觉不到路面传来的作用力，会失去路感，不过在无人驾驶的车辆上，就可以先不考虑这个问题了。Q50L 汽车上的线控转向还保留机械装置，保证即使电子系统全部失效，依然可以正常转向。

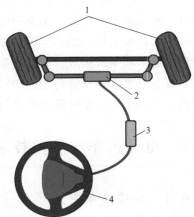

图 6-11　汽车线控转向技术
1—转向轮　2—转向器　3—ECU　4—转向盘

3. 线控制动

线控制动（Electro Mechanical Brake，EMB）不再需要制动液和液压部件，制动力矩完全通过安装在 4 个轮胎上的由电动机驱动的执行机构产生。因此相应地取消了制动主缸及液压管路等，可以大大简化制动系统的结构，且便于布置、装配和维修，更为显著的是随着制动液的取消，对于环境的污染也降低了不少。

6.5.3　电动汽车线控技术的特点

电动汽车与线控技术的结合，极大地提高了其使用价值，具体表现在以下方面：

1）线控系统无须使用液压制动和其他液压装置，使得电动汽车更为环保，大大减少了对环境的污染。

2）电动汽车的续航能力低等不足之处，使得电动汽车需要保持小型化、自重低的特点，而线控技术由于使用大量的电子设备替代沉重的机械装置，可以大大降低操控系统和车身的重量，这跟电动汽车的轻量化发展趋势是相符合的。

3）电动汽车车身较小，线控操作简易灵活，结合二者结构简单的特点，也能节约整车的内部空间，给汽车设计提供更大的发挥余地。

4）电动汽车的电机可以负载起动，驱动电机的转向可以通过电路控制实现变换，因此电动汽车无须内燃机汽车变速器中的倒档；当采用电机无级调速控制时，电动汽车可以忽略传统汽车的变速器；在采用电动轮驱动时，电动汽车还可以省略传统内燃机汽车传动系统中的差速器。由此可知，电动汽车较内燃机汽车结构简单，运转、传动部件少，这可以大大降低线控操作系统的实现难度。

但是，线控技术大量使用电子设备会存在一些不可靠的因素，如电磁干扰、器件失效、软件程序漏洞及网络攻击等，一旦电路失效而没有机械冗余就会导致不好的后果——转向失灵、加速踏板难以控制和不能制动等，因此线控技术研究的重点应是系统的可靠性和完全性。

6.5.4 电动汽车线控技术的发展趋势

随着汽车电子技术的快速发展，电动汽车的发展趋势是集成化、模块化、机电一体化以及智能化，而线控技术正好朝着这一趋势发展。线控技术实际上就是将汽车的不同系统相互结合，从而使各系统的性能发挥最好，以获得电动汽车整体的最佳性能，提高电动汽车的安全性、稳定性与操纵性，使其获得一定程度上的智能化，并最终达到无人驾驶的状态。相信在不久的未来，随着汽车线控技术的飞速发展，转向、制动、加速、换档、悬架、车灯、车门及刮水器等多个领域，都有可能变成线控系统的子部分。虽然线控相关技术还不是很成熟，但是随着电子设备可靠程度的不断提高及相应技术的发展，线控技术仍具有很大的发展前景。

目前我国的线控技术研究与国外仍有差距，但从现有条件出发对该技术进行深入细致的研究，对拓展电气传动技术的应用，加快电动汽车的电子化发展以及提供未来智能汽车自动驾驶技术都有深远的意义。

6.6 电动汽车与自动驾驶技术

6.6.1 自动驾驶概念

汽车自动驾驶技术（图6-12）是指利用视频摄像头、雷达传感器及激光测距器来了解周围的交通状况，并通过一个详尽的地图对前方的道路进行导航。这一切都由数据中心来实现，数据中心能处理汽车收集的有关周围地形的大量信息。就这点而言，自动驾驶汽车相当于数据中心的遥控汽车或者智能汽车。汽车自动驾驶技术也是物联网技术的应用之一。

图6-12 汽车自动驾驶技术

6.6.2 自动驾驶的分级

不同组织对自动驾驶的分级标准各有不同。美国国家公路交通安全管理局（NHTSA）把自动驾驶分为五个级别，而汽车工程师学会（SAE）的标准则分为 L0～L5 共六个级别，两者关于 L0、L1、L2 的分类都是相同的，不同之处在于 NHTSA 的 L4 被 SAE 细分为 L4 和 L5，而我国主要采用 SAE 标准。

L0：完全人类驾驶。

L1：辅助驾驶，增加了预警提示类的 ADAS 功能，包括车道偏离预警（LDW）、前撞预警（FCW）及盲点检测（BSD）等。

L2：部分自动驾驶，具备干预辅助类的 ADAS 功能，包括自适应巡航（ACC）、紧急自动制动（AEB）及车道保持辅助（LKA）等。

L3：有条件的自动驾驶，具备综合干预辅助类功能，包括自动加速、自动制动及自动转向等。

L4：高度自动驾驶，没有任何人类驾驶员，可以无转向盘、加速踏板和制动踏板，但限定区域（如园区、景区内），或限定环境条件（如雨、雪天、夜晚不能开）。

L5：完全自动驾驶，是真正的无人驾驶阶段，驾驶人座位无人，也没有人为车内或车外的认知判别干预；无转向盘和加速踏板、制动踏板；全区域、全功能。

从 L2 到 L3 发生了本质的变化，L2 及以下级别还是由人来观测驾驶环境，需要驾驶员座位上有驾驶人，在遇到紧急情况时直接进行接管；L3 及以上级别则由机器来观测驾驶环境，人类驾驶员不需要坐在驾驶员座位上控制转向盘，只需要在车内或车外留有监控计算机即可，紧急情况下通过计算机操作进行认知判别干预。

6.6.3 自动驾驶的基本技术架构

自动驾驶的基本技术架构由车载和云端两部分组成。

1. 车载部分

感知层各种类型的传感器采集、接收的数据，通过总线进行集成，再通过数据的融合和智能化处理，输出自动驾驶所需的环境感知信息。车载传感器的优化配置，可以在保证精度和安全性的基础上，降低整体成本。

主控系统由硬件部分——高性能车载集成计算平台和软件部分——智能车载操作系统组成。高性能车载集成计算平台融合了传感器、高精度地图和 V2X 的感知信息进行认知和决策计算。智能车载操作系统融合了车内人机交互、运营服务商和内容服务商的数据，为乘员提供个性化服务，真正把智能车辆变成下一个"互联网入口"。最后，决策的信息进入车辆总线控制系统，完成执行动作。

2. 云端部分

自动驾驶车辆是一个移动系统，需要云平台来提供支持。云端主要完成以下四个功能：

（1）**数据存储**　智能车辆路测中实采的数据量非常大，需要传输到云端进行分布式存储。

（2）**仿真测试**　开发的新算法在部署到车上之前会在云端的模拟器上进行测试。

（3）**生成高精度地图**　地图的生成采用众包形式，把每辆在路上行驶的智能车辆实时采集到的激光点云或视觉数据上传至云端，实现高精度地图的完善和更新。

（4）**深度学习模型训练**　自动驾驶的决策层使用了多种不同的深度学习模型，因此需要持续不断地通过新数据进行模型训练，以提升算法的处理能力。由于训练的数据量非常大，需要在云端完成。

6.6.4　电动汽车自动驾驶技术的优势

一般来说，燃油汽车的12V电气系统的最大输出功率是2.5kW。而对于级别到达L4及以上的无人驾驶系统，至少需要48V电气系统才能正常运行。因此，"电"对无人驾驶测试车来说是非常重要的。混动汽车、电动汽车能提供相比燃油汽车更高的电压等级。如果要改装一辆燃油汽车，则需要额外增加一台发电机给无人驾驶系统供电，这就极大增加了成本和改装难度。自动驾驶消耗的电量很大，混动汽车有电热能转换的优势，纯电动汽车则有电量大的优势。

思　考　题

1. 什么是车联网？
2. 车联网的"端、管、云"三层体系是什么？
3. 车联网有哪些应用？
4. 电动汽车与电网互动技术的主要功能表现在哪些方面？
5. 电动汽车无线充电的工作原理是什么？
6. 电动汽车轻量化的方法有哪些？
7. 什么是线控技术？
8. 介绍一种你了解的自动驾驶分级标准。

参 考 文 献

[1] 陈清泉,孙逢春,祝嘉光. 现代电动汽车技术 [M]. 北京:北京理工大学出版社,2002.

[2] 张希明. 纯电动汽车控制系统 [D]. 杭州:浙江大学,2008.

[3] 徐国凯,等. 电动汽车的驱动与控制 [M]. 北京:电子工业出版社,2010.

[4] 万沛霖. 电动汽车的关键技术 [M]. 北京:北京理工大学出版社,1998.

[5] 郑金风,胡冰乐,张翔. 纯电动汽车驱动电机应用概述 [J]. 机电技术,2009,32 (3):5-8.

[6] 张珍. 纯电动汽车动力传动系统的设计与整车性能仿真 [D]. 西安:长安大学,2011.

[7] 蒋鸣雷,等. 新能源汽车动力电池结构与维修 [M]. 北京:机械工业出版社,2018.

[8] 徐艳民. 电动汽车动力电池及电源管理 [M]. 北京:机械工业出版社,2017.

[9] 刘海峰,廖辉湘. 电动汽车动力蓄电池及管理系统 [M]. 北京:人民交通出版社股份有限公司,2018.

[10] 王秀玲. 电动汽车驱动系统的研究 [D]. 长春:吉林大学,2017.

[11] 张利,缑庆伟. 新能源汽车驱动电机与控制技术 [M]. 北京:人民交通出版社股份有限公司,2018.

[12] 王震坡,孙迎春,刘鹏. 电动汽车原理与应用技术 [M]. 2版. 北京:机械工业出版社,2016.

[13] 王志福,等. 电动汽车电驱动理论与设计 [M]. 2版. 北京:机械工业出版社,2016.

[14] Mi C,Masrur A M,Gao D W. 混合动力电动汽车原理及应用前景 [M]. 赵治国,姜娇龙,等译. 北京:机械工业出版社,2014.

[15] Ehsani M,et al. 现代电动汽车、混合动力电动汽车和燃料电池车——基本原理、理论和设计(原书第2版)[M]. 倪光正,倪培宏,熊素铭,译. 北京:机械工业出版社,2015.

[16] Husain I. 纯电动及混合动力汽车设计基础(原书第2版)[M]. 林程,译. 北京:机械工业出版社,2012.

[17] Liu W. 混合动力汽车系统建模与控制 [M]. 殷国栋,等译. 北京:机械工业出版社,2014.

[18] 陈明帅. 燃料电池电动汽车混合动力系统的仿真研究 [D]. 青岛:青岛大学,2018.

[19] 崔胜民. 新能源汽车技术解析 [M]. 北京:化学工业出版社,2016.

[20] 公维磊. 质子交换膜燃料电池建模及动态仿真 [D]. 济南:山东建筑大学,2011.

[21] HU X S,et al. Longevity-conscious dimensioning and power management of the hybrid energy storage system in a fuel cell hybrid electric bus [J]. Applied Energy,2015,137:913-924.

[22] 张琴. 燃料电池汽车动力系统能量管理策略研究 [D]. 武汉:武汉理工大学,2013.

[23] 李敬福,王洪佩. 新能源汽车关键技术研究 [M]. 北京:北京理工大学出版社,2017.

[24] 吴晓刚,周美兰. 电动汽车技术 [M]. 北京:机械工业出版社,2018.

[25] 姜久春. 电动汽车充电技术及系统 [M]. 北京:北京交通大学出版社,2017.

[26] 姜久春. 电动汽车充电设施运行与维护技术 [M]. 北京:北京交通大学出版社,2016.

[27] 刘春晖,张炜炜. 混合动力汽车结构与检修 [M]. 北京:化学工业出版社,2017.

[28] 赵振宁. 新能源汽车技术概述 [M]. 北京:北京理工大学出版社,2016.

[29] 高建平,郗建国. 新能源汽车概论 [M]. 北京:机械工业出版社,2018.

[30] 朱春波,等. 电动汽车动态无线充电关键技术研究进展 [J]. 电力系统自动化,2017,41 (2):60-65.

[31] 付主木. 电动汽车运用技术 [M]. 北京:机械工业出版社,2015.

[32] 张荣贵. 我国电动汽车发展前景 [J]. 机电技术,2008 (4):81-84.

[33] 余志生. 汽车理论 [M]. 5版. 北京:机械工业出版社,2010.